L'EREDITÀ DELL'ANTICO
Passato e Presente

— 5 —

comitato direttivo
L. Braccesi, A. Giardina
M. Guglielminetti, L. Mangoni

MARIELLA CAGNETTA

La pace dei vinti

Un discorso di G. Gonella
su *Pace romana e pace cartaginese*

con un saggio di Luigi Loreto

«L'ERMA» di BRETSCHNEIDER

MARIELLA CAGNETTA,
LUIGI LORETO
La pace dei vinti

© Copyright 1997 «L'ERMA» di BRETSCHNEIDER
Via Cassiodoro, 19 - 00193 Roma

Tutti i diritti riservati. È vietata la riproduzione di
testi e illustrazioni senza il permesso scritto dell'editore.

ISBN 88-7062-959-7

AVVERTENZA

La ripresa del discorso di G. Gonella risale a una idea di Cristiano Grottanelli, chè ha successivamente coinvolto i due curatori. Il progetto è stato quindi prontamente accolto, con l'abituale sensibilità, dai direttori di collana.

Privo di intenti 'giubilari', il volumetto esce a ridosso del cinquantenario del trattato di pace; non è parso il caso di ritardarne per ciò solo l'uscita.

M.C.-L.L.

SOMMARIO

MARIELLA CAGNETTA

Italia 1947: tra Agostino e Huizinga,
la Roma sconfitta

I giornali di venerdì 17 gennaio 1947 recava-
no in apertura notizie sul ritorno in mattinata di
De Gasperi dagli Stati Uniti, e sugli eventi con-
clusivi di quella missione diplomatica compiuta
nella cruciale vigilia della firma del trattato di
pace; divampavano intanto accese le polemiche,
anche interne allo schieramento governativo, su
di un accordo che avrebbe comportato per l'Italia, fra l'altro, la perdita di parte della Venezia
Giulia, dell'Istria, delle colonie. Questo lo sfondo su cui il giorno precedente, giovedì 16, nella
sede dell'Istituto di Studi Romani, aveva avuto
luogo la cerimonia d'inaugurazione degli annua-
li corsi accademici[1]. Il tema della prolusione, *Pa-*
ce romana e pace cartaginese, tenuta dall'allora
Ministro della Pubblica Istruzione, Guido Go-

---

[1] Ampia cronaca dell'avvenimento è data dal "Popolo", 17
gennaio 1947, p. 1 (in taglio basso, sotto l'articolo sull'arrivo di
De Gasperi «stamane alle 9 a Ciampino»), e dall'"Osservatore
Romano", 18 gennaio 1947, p. 2. Nel dar conto del discorso di
Gonella i testi dei due articoli largamente coincidono.

nella[2], parrebbe tipico di una tirata puramente retorica, ma ad un più attento esame si segnala quale intervento politico tale da assumere in quel frangente notevole rilievo.

Gonella era avverso alla linea seguita da De Gasperi circa la ratifica del trattato di pace, deplorata come cedimento di fronte all'alto prezzo fatto pagare all'Italia, e avrebbe manifestato insieme con Scelba la sua opposizione ancora nel

---

[2] Utili informazioni sull'attività culturale di Gonella in L. MANGONI, *In partibus infidelium. Don Giuseppe De Luca: il mondo cattolico e la cultura italiana del Novecento*, Torino 1989 (cfr. in particolare quanto scrive De Luca nel 1933: «Ho finito, o quasi, di leggere il ms *Maurras* di G. Gonella: ancora informe, ma che è l'unica e sola cosa intelligente che ho letto in italiano sopra il führer dell'*Action française*», p. 187 n. 98). Ricca di sfumature negli anni dell'immediato dopoguerra, prima che si stabilisse la contrapposizione frontale fra i blocchi, la posizione del politico democristiano: «Quando Gonella presentò il programma dei democristiani per la Costituente – ricorderà Togliatti nel '62 –, anche esso era un programma avanzato […]. Il Gonella del '46 è un sovversivo di fronte ai governanti attuali» (cfr. G. BOCCA, *Palmiro Togliatti*, Roma-Bari 1973, p. 445); va ricordato che Gonella aveva partecipato insieme con Moro, La Pira, Andreotti, Taviani e alcuni altri, alla stesura del cosiddetto «Codice di Camaldoli», tesi programmatiche in campo morale e sociale ispirate a solidarismo e pacifismo, con qualche accento anticapitalistico, frutto dell'elaborazione teorica di una cinquantina di intellettuali cattolici, riunitisi presso l'Ospizio di Camaldoli alla vigilia del crollo del fascismo, nei giorni 18-23 luglio 1943 (cfr. N. PERRONE, *De Gasperi e l'America*, Palermo 1995, pp. 188-189).

corso del Consiglio dei ministri del 7 febbraio[3] in cui si era giunti alla deliberazione ufficiale; il 10 febbraio il governo italiano apporrà la sua firma al trattato, condizionandola alla successiva formale ratifica dell'Assemblea costituente. Fino all'atto finale era rimasto comunque aperto in via teorica qualche ulteriore spazio di iniziativa politica. Gonella vuole evidentemente piegare alle finalità del momento l'intervento ufficiale che è chiamato a pronunciare dinanzi al presidente della Repubblica Enrico De Nicola[4], al vicepresidente dell'Assemblea Costituente Um-

---

[3] Dopo il viaggio compiuto negli Stati Uniti (3-17 gennaio 1947), e la scissione del Partito Socialista attuata da Saragat (11 gennaio), De Gasperi il 2 febbraio dà vita a un nuovo gabinetto. Sull'opposizione interna alla Democrazia Cristiana fronteggiata da De Gasperi, contrario ad un'aperta resistenza al trattato nella speranza di una futura revisione delle clausole più gravose (e sull'enorme significato di quel momento politico in cui il voto per la ratifica imponeva «a ogni partito una scelta chiara su una questione cruciale per determinare il ruolo che l'Italia avrebbe in futuro giocato nel sistema internazionale e quindi anche il tipo di alleanze intorno a cui si sarebbero organizzati gli equilibri politici interni»), vd. ancora da ultimo R. GUALTIERI, *Togliatti e la politica estera italiana. Dalla Resistenza al trattato di pace, 1943-1947*, Roma 1995, pp. 208-209.

[4] Di questa significativa presenza stranamente non vi è cenno nel pur informato profilo di P. BREZZI, *L'Istituto Nazionale di Studi Romani*, in *Speculum Mundi*. Roma centro internazionale di ricerche umanistiche, Introduzione di M. Pallottino, a cura di P. Vian, Roma 1992, p. 722.

berto Terracini[5], a ministri e diplomatici, nonché a cardinali, in una sede, l'Istituto di Studi Romani, che dopo il crollo del fascismo ostenta equidistanza dalle istituzioni di governo e da quelle ecclesiastiche. Lo spirito del suo discorso riprende integralmente gli auspici formulati nel messaggio di Natale del 1946 dal Papa, Pio XII, contro la politica perseguita in particolar modo da alcuni Stati vincitori e le eccessive restrizioni imposte alle popolazioni vinte.

Sotto un trasparente velo analogico, la riflessione storica promossa dall'Istituto di Studi Romani si era sempre caratterizzata quale diretto intervento sull'attualità politica: così per il ventennio in cui le attività dell'Istituto appaiono espressione più o meno organica delle direttive culturali del regime, così dopo il 25 luglio del '43, quando la barra del timone si sposta decisamente in senso clerico-monarchico, e oggetto principale d'attenzione divengono i temi della Roma cristiana, politicamente più neutri rispetto a quelli della Roma repubblicana e soprattutto di quella imperiale. L'organo ufficiale dell'Istituto, "Roma. Rivista di studi e di vita romana",

---

[5] Qualche settimana dopo la cerimonia, l'8 febbraio, Terracini sarebbe divenuto presidente dell'Assemblea Costituente in sostituzione di Saragat. Per la posizione di Terracini particolarmente critica nei confronti della firma del trattato di pace, vd. *infra*, «Appendice», pp. 49-50.

raccoglie nel fascicolo settembre-dicembre 1943
quasi esclusivamente studi d'archeologia cristiana, e il primo fascicolo del 1944 «segna il definitivo passaggio sotto le ali della Chiesa: l'anno
accademico (XVIII) è inaugurato dal cardinale
Salotti, l'editoriale è: *L'interessamento della San-
ta Sede per gli 'Studi romani'*»[6]. È su questo
sfondo che va letto, e può essere agevolmente
'decodificato', il discorso a chiave che qui si ristampa, tenuto in apertura del XXI anno accademico, le cui formulazioni appaiono palesemente permeate da universalismo d'impronta

---

[6] Vd. L. CANFORA, *Ideologie del classicismo*, Torino 1980,
pp. 100-101. Un più recente inquadramento critico dell'opera di divulgazione politico-culturale svolta dall'Istituto pre-
sieduto da Galassi Paluzzi, è in F. SCRIBA, *Augustus im
Schwarzhemd? Die* Mostra Augustea della Romanità *in Rom
1937/38*, Frankfurt a.M. 1995, pp. 112-116 (che rinvia a
Brezzi, *op. cit.*, pp. 706-728); e vd. anche pp. 92-101. Motto i-
spiratore di questa istituzione fiancheggiatrice del regime –
che fra i suoi fondatori aveva annoverato il gesuita Pietro
Tacchi Venturi, e costantemente aveva agito in senso mirante
a combinare tradizione cattolica e romanità imperiale, «l'A-
quila e la Croce» – fu il verso dantesco «di quella Roma onde
Cristo è Romano» *(Purgatorio* XXXII 102); ripetuto infinite
volte in scritti d'occasione da studiosi e pubblicisti, questo
verso veniva dai più piegato, con consapevole stravolgimento
di senso, a evocare non già il Paradiso, 'urbe' celeste, di cui
Cristo è romano, cioè 'cittadino', «cive», bensì la Roma storica. Per i cicli di conferenze e lezioni tenute dal 1936 al 1943
presso l'Istituto di Studi Romani sul tema del (deformato)
verso dantesco, vd. M. CAGNETTA, *Antichisti e impero
fascista*, Bari 1979, p. 135, n. 29.

vaticana[7]. Per meglio intenderne la natura politica, conviene cogliere l'aspetto di continuità e insieme di innovazione che presenta il 'reimpiego' postbellico del mito di Roma tentato in quella sede da Gonella.

Al tempo dell'entrata in guerra dell'Italia, il Presidente[8] dell'Istituto di Studi Romani, Carlo Galassi Paluzzi, aveva irrobustito un suo articolo d'occasione ricorrendo al concetto di guerra giusta quale era svolto da Livio e quale era ricavabile dalla storia della politica estera romana. Nel numero di agosto 1943 della rivista "Roma" il medesimo inaffondabile Presidente, con implicita polemica retrospettiva nei confronti dei referenti politici di sempre – polemica dal sapore innegabilmente opportunistico – aveva tentato di accreditare il culto della romanità promosso per il passato dall'Istituto come alieno da forzature retoriche e antistoriche:

---

[7] Nell'attività di segno ancora fortemente conservatore dell'Istituto nel primo dopoguerra, non mancarono, per limitarsi a quel XXI anno accademico (1946-47), presenze di studiosi d'impostazione diversa e distante da quella predominante: è il caso ad esempio di Santo Mazzarino – conferenza su «Valentiniano I, i coreggenti e successori sino all'avvento di Teodosio» – e Guido Calogero – conferenza su «Cinismo e stoicismo in Epitteto e in Marco Aurelio» – (vd. *Accademie e Istituti di cultura. Relazioni sulla attività svolta negli anni accademici 1941-1948*, a cura del Ministero della Pubblica Istruzione, Roma 1950, pp. 687-688).

[8] Questa la carica ufficiale ricoperta da Galassi Paluzzi per gli anni 1934-1944.

molte volte abbiamo cercato di rammentare con gli scritti, e di documentare con i fatti, il pericolo che si correva di cadere in una retorica antistorica invocando l'idea di Roma e parlando di romanità, senza rendersi esatto conto del valore che le due parole potevano e dovevano storicamente ancora avere[9].

Ora, a pochi anni di distanza, ecco salire alla tribuna dell'Istituto un nuovo soggetto politico, per riprendere a tessere la trama della riflessione in chiave analogica sulle vicende italiane contemporanee interpretate alla luce della storia di Roma, secondo un modello di intervento ormai topico. È significativo che il modello venga riproposto da un oppositore del regime fascista, sia

---

[9] *Romanità*, "Roma" 21, 1943, p. 276. L'intera impostazione del primo fascicolo di "Roma" uscito dopo il 25 luglio è singolare: in apertura appelli e proclami agli Italiani di Vittorio Emanuele e di Badoglio, quindi un editoriale di Galassi Paluzzi (*Salus rei publicae*), incentrato su monarchia e Roma cristiana, e concluso dalle parole «Siano il Trono e l'Altare il sostegno nella prova, la certezza del domani», cui seguono il testo del telegramma inviato dal Presidente dell'Istituto di Studi Romani dopo la caduta di Mussolini, e quello di risposta del Ministro della Real Casa. Dopo i testi ufficiali viene il citato articolo *Romanità*, dove in tono apologetico Galassi Paluzzi, riproponendo ampi brani tratti da suoi precedenti interventi, punta a ribadire come centrale nell'operato dell'Istituto la «reverenza» verso casa regnante e Chiesa, e il richiamo a un «uso della Libertà severamente coordinata e subordinata alle esigenze supreme dell'Autorità» (p. 279).

pur di parte moderata, quale Guido Gonella era stato. Non a caso egli avverte in apertura l'esigenza di accreditare culturalmente la sede che lo ospita, premettendo tuttavia di voler tenersi lontano dalle vedute apologetiche (come peraltro da quelle detrattorie) della storia di Roma: vuole così sgombrare il campo dal sospetto di rinnovare quella insulsa romanolatria che aveva nel Ventennio connotato l'attività dell'Istituto, svilendola a propaganda.

Ripercorrendo la costruzione dell'intero discorso, si può apprezzare il ruolo portante assegnato dal relatore al pensiero degli autori classici, scelti secondo criteri di parziale rottura rispetto alla silloge agiografica della grandezza romana così a lungo dominante. E tanto per cominciare, la selezione si apre con un greco, le cui affermazioni metodologiche avevano inteso negare ogni volontà di allettamento, vale a dire con Tucidide che, staccandosi dal modello erodoteo, prospetta uno scabro ideale storiografico [10]. L'iniziale ri-

---

[10] I 22.4. Pudicamente parrebbe, data la circostanza, la citazione dal 'capitolo metodologico' I 22 si arresta alle parole «Sicché quest'opera è stata composta perché avesse valore eterno», omettendo la conclusione: «più che per ambizione dell'applauso dei contemporanei nelle pubbliche recite». La traduzione tucididea ripresa da Gonella è quella di Piero Sgroi, pubblicata dall'Ispi (Istituto per gli studi di politica internazionale), nella collana "Biblioteca storica" diretta da Adolfo Omodeo (Milano 1942).

chiamo tucidideo fornisce lo spunto per riflessioni sulla complessità del reale, criterio utile a leggere criticamente l'intera vicenda di Roma, che è patrimonio comune a chi di volta in volta ne valorizzi questo o quell'aspetto: così la saggezza pagana o la spiritualità cristiana, ovvero – ciò che qui più conta – la capacità di gestire il governo mondiale con le ragioni della forza o con quelle della giustizia.

Come dal '43 in poi avverte il bisogno chi in qualche modo si rapporti alle attività dell'Istituto di Studi Romani, Gonella dichiara in apertura della prolusione la propria volontà di prendere le distanze da vanagloria e retorica romanolatriche, irrimediabilmente tinte di opportunismo, per far luogo piuttosto a una problematica riflessione sull'idea di civiltà. Significativamente, è Huizinga che viene al riguardo evocato, il suo liberalismo di matrice protestante, la sua critica all'irrazionalismo immoralistico attenta alla rivalutazione «storicistico-ecclesiastica»[11] del cattolicesimo:

---

[11] Vd. D. CANTIMORI, *Nelle ombre del domani*, saggio introduttivo a J. Huizinga, *La crisi della civiltà*, trad. di B. Allason, Torino 1962³, pp. XXIII-XXIV. Nel titolo del suo saggio Cantimori riprende quello originale dell'opera (Haarlem 1935), che meglio si chiariva nel sottotitolo quale 'diagnosi' del patimento intellettuale nel tempo presente (*In de schaduwen van morgen, een diagnose van het geestelijk lijden van onzen tijd*), così chiosando: «fu un gran bene tradurla; ma perché darle un titolo così nietzschiano e spengleriano? Mol-

Quando in un'unica civiltà, che nel corso di molti secoli si è innalzata a chiarezza e nitidezza di pensiero e di concetto, il magico e il fantastico vengono su, oscurando la ragione, tra un fumacchio di istinti in ebollizione; quando il mito scaccia il *logos* e ne prende il posto, allora siamo alla soglia della barbarie. [12]

A questo passo, ripreso da Gonella che deplora un decadimento di civiltà e umanità segnato dal «trionfo del 'mito' sul 'logo'», nel testo di Huizinga seguiva significativamente una polemica contro la veduta della «civilizzazione» soste-

---

to più bello è il cupo titolo originale: 'Nelle ombre del domani'. Non è solo l'ombra della sera che ispira una severa malinconia […], ma son le ombre del domani: lo storico non è più profeta rivolto all'indietro, guarda al domani, e vede molte ombre opache, spesse, pesanti: tuttavia auspica e spera ancora un mattino» (p. XXV; la traduzione italiana era uscita da Einaudi nel 1937). Toni diversi nella recensione di Cantimori alla traduzione tedesca dell'opera (*Im Schatten von Morgen. Eine Diagnose des kulturellen Leidens unserer Zeit,* Bern-Leipzig 1935, in "Leonardo" 7, 1936, p. 383 = D. Cantimori, *Politica e storia contemporanea. Scritti (1927-1942)*, a cura di L. Mangoni, Torino 1991, p. 315): «Questi uomini, pur rispettabili come studiosi, sono straordinariamente goffi quando denunciano la barbarie dei tempi moderni […] Sono coloro che vorrebbero essere con Simmaco e Cassiodoro contro la 'barbarie', l'"incoltura" del cristianesimo irrompente: ma intanto stanno con Bisanzio».
[12] Huizinga, *op. cit.*, p. 141.

nuta da Spengler, feroce e inumana al punto da apparentarla alla barbarie.

Il nome dello storico olandese fornisce la chiave interpretativa dell'intero discorso qui ristampato, sol che si pensi al valore di *modello teorico* che egli attribuisce alla storia romana e al rilievo che nella genesi del suo pensiero ha il pensiero di Agostino [13]. Il pensiero di Agostino sulla dialettica pace-guerra è appunto l'argomento fondante dell'intera seconda parte dell'intervento di Gonella. In particolare, è la discussione sulla guerra di *De civitate Dei* XIX 12, mirante a definire una corretta idea di pace, che viene presa a base di riflessione futurale nell'opera prebellica di Huizinga sulle 'ombre del domani', e significativamente torna qui a conflitto ormai conclusosi, sia pur con diversa coloritura: da essa nel '47 Gonella trae argomenti per contrastare la stipula di un trattato di pace sentito come iniquo.

Nel capitolo XII («Vita e lotta») della *Crisi della civiltà*, l'olandese attaccava l'amoralità dei presupposti vitalistici dei varii Carl Schmitt, Hans Freyer, Oswald Spengler: all'autonomia del politico, fondata sulla distinzione elementare

---

[13] Su carattere e limiti dell'interesse di Huizinga per la storia romana, vd. L. LORETO, *Johan Huizinga e l'imperialismo romano*, "Quaderni di storia" 33, gennaio-giugno 1991, pp. 41-78 (in particolare, per Agostino quale fonte per la sua riflessione storico-filosofica, pp. 57-63, 70 n. 17, 75-77 nn. 81-108).

amico-nemico, e alla conseguente difesa per principio della guerra (un principio che ben presto si sarebbe rivelato nei suoi effetti devastanti), veniva da Huizinga contrapposta la costatazione agostiniana di un'universale ricerca dell'armonia, della pace come stato di equilibrio da ripristinare dopo il combattimento. L'opera del '35 si inseriva in un dibattito teorico che individuava come portato virtuale della filosofia vitalistica un «satanismo» innalzante a norma il male, e contro di esso faceva valere il richiamo all'autorità del padre della Chiesa: «Ci fu mai belva che combattesse per combattere? O non lo fa piuttosto, come dimostrò Agostino, per rientrare in quella *pax*, in quello stato di quiete che egli vide estendersi dalle cose inanimate fino ai cieli, per tutta la vita del cosmo?».

In realtà, il succitato capitolo del *De civitate Dei* è il medesimo riecheggiato da Gonella nel '47, ma diverso è il nucleo concettuale valorizzato da quest'ultimo, nonché l'intento dimostrativo cui viene piegato; il 'fuoco' non è più sul motivo della guerra cui inevitabilmente porta una politica fondata unicamente sulle ragioni della forza, ma sulla (cattiva) qualità della pace che tale politica di forza sarebbe in grado di ristabilire. «Anche quelli che vogliono turbare la pace, in cui vivono, non odiano già la pace, ma desiderano cambiarla a loro arbitrio [*eam pro arbitrio suo cupiunt commutari*]»: è con queste parole che Go-

20

nella interrompe con significativa cesura la pericope agostiniana; egli omette di citare l'affermazione successiva che pure è sottesa, nel suo valore diagnostico per l'oggi, a tutto il suo argomen-
tare: *non ergo ut sit pax nolunt, sed ut ea sit quam
volunt*, «non è che non vogliano che ci sia la pace, soltanto dev'essere come la vogliono loro».

Il realismo politico – aveva deplorato il protestante Huizinga[14] – si fonda su di una visione del
male scristianizzata; a tale visione va contrapposto, nella concezione del politico cattolico, l'e-
sempio di Roma che resterebbe a insegnare l'i-
dealismo di una pace fondata sulla giustizia. Si
può dire che in entrambi l'idea di Roma è perce-
pita attraverso il filtro della latinità di segno cristiano: è stato già rilevato per Huizinga[15], lo si
può affermare anche di Gonella; e tale affinità
contribuisce a spiegare la scelta del taglio 'liberale' e (in rapporto alla pace) erasmiano dato a
questo discorso d'intervento politico. Forse la
miglior prova della sensibilità religiosa che qui o-
pera nella selezione e presentazione delle fonti è
nello spicco di una ripresa dal *Somnium Scipionis*
ciceroniano (*De re publica* VI 16) dove Scipione,
nel tessere le lodi della patria e di chi per essa è
morto, ne dichiarerebbe tuttavia la pochezza

---

[14] *Op. cit.*, p. 81.
[15] LORETO, *art. cit.*, p. 58.

(*parva visa est*) [16], e soprattutto nelle caratteristi-
che che presenta l'altra esplicita citazione che
Gonella fa del *De civitate Dei* di Agostino.

La frase «due cose, dirà S. Agostino, spinsero
i Romani ad operare cose ammirevoli; la libertà e
l'amore della gloria umana» traduce bensì parole
del *De civitate* (V 18), ma esse altro non sono che
parafrasi di Virgilio, *Eneide* VI 823 (*vincit amor
patriae laudumque inmensa cupido*). A fini pare-
netici il vescovo di Ippona citava questo verso e i
tre precedenti per ricordare ai Cristiani, che non
dovrebbero menar vanto di quanto compiono
per la città celeste, l'esempio di Bruto, giunto per
amore della sua patria terrena a uccidere i figli.
Di tale contesto Gonella non fa menzione, forse
per evitare il riferimento a un testo topico del

---

[16] In realtà vi è qui, parrebbe, un fraintendimento, o per lo
meno una forzatura brachilogica, del contesto ciceroniano
(*stellarum autem globi terrae magnitudinem facile vincebant,
iam vero ipsa terra ita mihi parva visa est, ut me imperii nostri,
quo quasi punctum eius attingimus, paeniteret*): nel raccontare
il suo sogno, Scipione non dell'impero di Roma, ma della
Terra tutta rispetto al cosmo rileva la «piccola» dimensione;
in questa catena di rapporti, dall'iperbole per cui il dominio
di Roma altro non sarebbe che un «punto» del globo deriva
la coscienza della vanità di ogni gloria terrena. Cfr. K. Büch-
ner, Komm. *ad locum* (Heidelberg 1984, p. 469): «die Erde
gar selber machte einen so geringen Eindruck auf ihn, daß er
ein Ungenügen – *paeniteret* von *paene* – über das römische
Reich empfand, mit dem sozusagen nur ein Punkt von ihr
berührt wird».

pregresso culto nazionalistico della romanità: appunto quel lungo intervento profetico di Anchise
del sesto canto dell'*Eneide* che, a breve distanza
dai versi qui citati, esprimeva il perentorio richiamo a imporre una *pax Romana* fondata sulla norma della forza (851-853: *tu regere imperio popu-
los, Romane, memento / (hae tibi erunt artes) pa-
cique imponere morem, / parcere subiectis et de-
bellare superbos*).

La volontà di lasciare sullo sfondo il celeberrimo testo virgiliano, se pare motivata dal rifiuto
della retorica bellicistica e 'imperiale', rivela anche l'esigenza che si affermi un modo ben diverso d'«imporre norme alla pace». Per esprimere
tale bisogno Gonella ricorre non già a testi lette-
rari, bensì alla dottrina giuridica romana, che si
mostrava ben consapevole della necessità che
nessuna delle parti contraenti di un patto fosse
posta in condizioni tali da non poter far fronte ai
suoi obblighi: condizione che sempre – in quanto non conforme a un postulato di giustizia – sarebbe causa di instabilità e insicurezza.

A partire dall'affermazione della funzione positiva di giustizia (*suum cuique tribuere*) propria
di un trattato di pace, l'oratore sviluppa i temi
del solidarismo sociale che più gli stanno a cuore, sottolineando della grandezza di Roma le ca-
ratteristiche di una *humanitas* ispirata a «eguaglianza», «proporzione», «compensazione». Se

23

soltanto si ricorda il momento politico in cui si colloca questo discorso, con il clima di forte competizione ma anche di incontro su di un comune terreno di impegno sociale fra i grandi partiti popolari che avevano dato vita alla coalizione antifascista (solo a maggio di quell'anno i comunisti saranno estromessi dal governo), si apprezzerà meglio il rilievo che nelle parole di Gonella hanno i temi di equità, progresso, «misticismo sociale», secondo la singolare espressione da lui adottata. Prende così corpo un modello interpretativo originale nei suoi equilibri rispetto agli schemi che infinite volte – e in misura tutta particolare proprio nel quadro dei corsi dell'Istituto di Studi Romani – erano risuonati martellanti: Roma maestra soprattutto nella capacità di superare i contrasti in ambito interno (fra ceto senatorio e plebe) come nella compagine imperiale (fra *civitas* e province), Roma che ha il suo segreto nell'aver saputo incontrare gli uomini «al di sopra del privilegio della razza e del sangue [17], nell'aver stabilito un rapporto di equità, il 'foedus', con chi le era estraneo ed inferiore».

Diversa nei toni più ancora che nei contenuti dagli schemi fino a pochi anni prima dominanti, questa interpretazione è a dire il vero distante

---

[17] «Al di sopra del privilegio della *gens* e della *civitas*» nella redazione A (vd. *infra*, «Appendice», pp. 39, 44).

anche dalla denuncia dei duri comportamenti bellici di Roma propria di uno studioso cattolico quale De Sanctis, ribadita ancora nel '43, in un contributo per un volume vaticano[18] probabilmente noto a Gonella, al tempo redattore per l'"Osservatore Romano" della rubrica 'Acta diurna'. *Civiltà caduche e civiltà perenne*, aveva intitolato De Sanctis quella sua riflessione, chiara testimonianza del crescente allarme destato dall'andamento della guerra nello studioso, che ne veniva indotto all'analogia fra la situazione presente e quella dell'antico mondo pagano, in cui era indiscusso per i vincitori il diritto di imporre condizioni di pace iugulatorie.

All'esaltazione del solidarismo sociale che domina la lettura apologetica e ideologizzante data da Gonella della storia romana si uniscono echi di consapevoli polemiche antirazzistiche. Non «il

---

[18] *Studiosi e artisti italiani a Sua Santità Pio XII nel XXV anniversario della consacrazione episcopale*, Città del Vaticano 1943, pp. 18-19 (su cui, vd. "Osservatore Romano", 28 luglio 1943) [= G. De Sanctis, *Scritti minori*, novamente editi da A. Ferrabino e S. Accame: vol. V, redatto da V. La Bua, Roma 1983, p. 474]: «Come le civiltà antiche non seppero risolvere che con la sopraffazione i contrasti fra i popoli, così non seppero risolvere che con la sopraffazione i contrasti fra le classi. [...] Quanto la schiavitù, prodotto essa stessa del disumano diritto di guerra, favorisse lo sviluppo deleterio che riducendo a proletariato le masse dei liberi aveva privato l'impero di quelle che erano state le forze migliori di cui disponeva Roma allorché si accinse alle grandi conquiste, non è d'uopo dimostrare».

privilegio del sangue», ma «l'identità di natura del genere umano», solo sfiorata dalla speculazione dei Greci, era stata a base della pratica politica di Roma [19]; né manca al riguardo verso la conclusione del discorso un cenno positivo al tentativo di pacificazione rappresentato dall'editto di Caracalla, deplorato da storici e giuristi di parte fascista [20]. Proprio acquisizioni del pensiero politico greco forniscono invece l'impalcatura concettuale di tutta la parte del discorso di Gonella relativa a ordinamenti costituzionali del mondo antico in realtà diverse da quella romana. È il celeberrimo passo del I libro della *Politica* aristotelica sull'origine della famiglia, del villaggio, della città (1252b-1253a), che viene qui ricordato a proposito dei limiti della polis democratica greca: prevalenza dei particolarismi, autarchia politico-culturale e arroccamento etnico nei confronti dei «barbari», incapacità di dar vita ad una democrazia 'orientata', vale a dire messa

---

[19] Anche qui è lontano lo spirito del citato intervento di Gaetano De Sanctis (*ibid.*, p. 18 [= p. 473]), che nello stesso contesto si richiamava al «nobilissimo concetto di qualche filosofo stoico, che il genere umano costituisse una unica città vivente sotto la guida della Provvidenza divina», concetto rimasto affermazione isolata e priva di qualsiasi concreta efficacia nella vita internazionale dell'antichità tutta, giacché lasciare ai vinti vita e libertà non era stato mai considerato umano dovere, ma al massimo concessione del vincitore.

[20] Cfr. ad esempio P. DE FRANCISCI, *Civiltà romana*, Roma 1939, pp. 155-156.

in grado con opportuni correttivi di piegare le e-
sigenze di uguaglianza alla visione del bene comune. Come si nota, si tratta di alcuni dei tradi-
zionali temi di una *synkrisis* fra Grecia e Roma
volta ad affermare il primato romano, ma nella
prosa del ministro democristiano l'accento non
cade tanto come per il recente passato su unità
nazionale e governo 'forte', quanto sul modo – si
direbbe, con lessico allora (e ancora) attualissimo
– di conciliare giustizia e libertà negli schemi politici congeniali a un cattolico, ispirati a equilibrio 'interclassista' e gradualismo solidaristico,
dalle connotazioni paternalistiche: mai la polis a-
vrebbe conosciuto la vera pace, che «è opera della giustizia, cioè di una virtù che disciplina rapporti sociali e con sapiente pazienza prepara le
vie della comprensione e dell'amore»[21].

Dopo aver toccato dei limiti della politica interna e internazionale degli Stati greci, l'oratore
viene a parlare di Cartagine. Prende le mosse ancora dalla *Politica* aristotelica, e in particolare da
un passo del II libro (1273b): il brano è quello in
cui Aristotele, dopo aver trattato della costituzione oligarchica di Cartagine, e aver deplorato nel-

---

[21] Così nella redazione A; nella redazione B viene fatto cadere il comprommettente accenno alla giustizia come disciplina
dei rapporti sociali: «è opera della giustizia, di una virtù che
con sapiente pazienza insegna le vie della comprensione e
dell'amore» (vd. *infra*, «Appendice», p. 40).

la vita civile di quella città il prevalere dei meriti della ricchezza rispetto a quelli della virtù, giunge a parlare della propensione ivi riconoscibile a sanare i conflitti interni τῷ πλουτεῖν, vale a dire creando le condizioni per un arricchimento anche dei cittadini socialmente instabili grazie a flussi migratorî nei territori controllati, oggetto non di colonizzazione ma di puro e semplice sfruttamento. Ricorrendo a *topoi* 'antiplutocratici', l'oratore intende levare l'accusa – nucleo concettuale e politico dell'intera prolusione – contro chi nell'oggi dopo il conflitto distruttivo intende imporre dalle proprie posizioni di forza militare ed economica un trattato iniquo, una pace definibile per antonomasia «cartaginese».

Va rilevato che l'oratore sceglie di trattare di Cartagine precipuamente sulla base di fonti greche; il dato è di per sé significativo come implicita presa di distanza dall'impostazione della questione dominante nel recente passato: ché l'equazione Cartagine / moderne plutocrazie, agitata dapprima polemicamente da personaggi assai distanti fra loro come Sorel o Meyer [22], è largamen-

---

[22] P. Vita Finzi, trattando dei teorici del nazionalismo confluiti nelle file del fascismo, scrive che, convinti della superiorità italiana, «they came with memories of ancient Roman glories and armed with theories on the struggle between the proletarian and plutocratic (or what Sorel termed Carthaginian) nations, on Italy's predestined expansion in the Medi-

te presente in Italia nella produzione storiografica e pubblicistica diretta espressione della cultura di regime, o da essa influenzata[23]. Siamo qui

---

terranean and so forth...» (in *The Nature of Fascism*, ed. S. J.
Woolf, 1968, p. 230; traggo la citazione da R. T. RIDLEY, *Ettore Pais*, "Helikon" 15-16, 1975-1976, p. 516 e n. 53). Quanto a Meyer, cfr. J. ANDREAU, *Antique, moderne et temps pré-
sent: la carrière et l'œuvre de Michel Ivanovic Rostovtseff
(1870-1952)*, Introduction, in M. I. ROSTOVTSEFF, *Histoire é-
conomique et sociale de l'Empire romain*, Paris 1988, p. XLII:
Meyer «comparait l'Allemagne à la Rome ancienne et la
Grande-Bretagne à Carthage; et il répétait après Caton: 'Il
faut détruire Carthage', *delenda est Carthago!* (Cette formule,
on le sait, fut reprise plus tard par les nazis et par certains
collaborateurs français, par exemple Henri Béraud.)». [Il
giornalista francese H. Béraud aveva avuto nel 1929 uno
scambio polemico con Turati e altri a proposito di fascismo e
mito 'romano': cfr. A. SCHIAVI, *Esilio e morte di Filippo Turati*, Roma 1956, pp. 311-313]. Per l'opposta veduta di Wilamowitz – analogia fra la sorte della Germania nel 1918, alla
vigilia della capitolazione, e quella di Cartagine, caduta vitti-
ma del capitalismo romano teso a eliminare la concorrente
più pericolosa –, vd. L. CANFORA, *Cultura classica e crisi tedesca. Gli scritti politici di Wilamowitz, 1914-1931*, Bari 1977,
pp. 86-88, 259 (vi si accenna anche all'uso 'meyeriano' che
del paragone con Cartagine faceva abitualmente Ludendorff
per incitare esercito e popolo tedesco a tener duro fino alla
vittoria e a creare condizioni favorevoli per una futura guerra
– «seconda guerra punica» – coronata da successo), e CA-
GNETTA, *Antichisti*, cit., pp. 148-149 n. 15.
[23] Sull'argomento «imperialismo 'cartaginese'» rinvierei ai
miei lavori *Antichisti*, cit., pp. 89-95, 147-150, e *Roma come
mito di guerra*, in: *L'Italia in guerra 1940-43*, a cura di B. Micheletti e P. P. Poggio, "Annali della Fondazione Luigi Micheletti", Brescia, 5, 1990-91, pp. 849-851 (in particolare sul

vicini piuttosto allo spirito del De Sanctis della *Storia dei Romani* [24] (e della voce *Cartagine* da lui scritta per l'*Enciclopedia Italiana*) [25]. Seguendo

'mito' della guerra fra Roma e Cartagine come lo rilegge nel 1942, in un'antologia liviana uscita presso Einaudi, il giornalista liberale Manlio Lupinacci, più tardi membro della direzione clandestina del PLI: i riferimenti insistiti alle sconfitte della seconda guerra punica, criptica allusione alla rovina incombente sull'Italia al terzo anno di guerra, valgono per Lupinacci a introdurre l'opportuno correttivo politico all'analogia Cartagine-potenze alleate, sin lì tipica soltanto della propaganda ufficiale – Mussolini nel gennaio 1942 definisce lo scontro in atto una «quarta guerra punica» –, e a profilare cautamente una possibile via d'uscita 'moderata' con un ricambio al vertice dello Stato).

[24] IV 3, p. 75, dove si parla della scomparsa di Cartagine quale «profonda esigenza storica che si attuava», e dell'«elemento orientale» tornato ad affermarsi con la conquista araba e *neutralizzato* solo grazie alla penetrazione civilizzatrice del colonialismo europeo.

[25] Vol. IX (1931), p. 212: qui le lotte combattute da Greci e Cartaginesi per il possesso della Sicilia assumono il carattere di «guerre tra Arî e Semiti», secondo un'interpretazione di quello scontro storico fondata su schemi razziali. Nell'ambito della 'mobilitazione' degli antichisti tedeschi guidata da H. Berve («im Rahmen des von H. Berve geleiteten Kriegseinsatzes der Altertumswissenschaft»), schemi non molto dissimili, derivati dalla «Rassenlehre», erano stati ancora nel 1943 a base dell'opera miscellanea *Rom und Karthago* edita da Joseph Vogt; nell'anticipazione, tratta dalla «Einleitung» di Vogt e apparsa su di una rivista divulgativa (*Rom und Karthago, ein rassengeschichtliches Problem*, "Forschungen und Fortschritte" 19, 1943, pp. 25-26), dando appunto conto dell'impegno bellico della scienza ufficiale tedesca, si sosteneva che Roma e Cartagine erano nel tempo divenute espressioni formulari at-

l'esempio dello storico del mondo antico il quale, in testi del periodo bellico[26], quando appariva ormai inevitabile la disfatta militare e netta la supremazia degli Alleati, aveva levato la sua voce contro la forza delle loro armi in nome della comune civiltà cristiana, e avrebbe poi lasciato emergere in quello stesso gennaio 1947 la sua deplorazione per le condizioni di pace imposte[27],

te a indicare la violenza di un odio fra popoli determinato dal *Blutserbe* e sfociato in guerra di annientamento; l'essenza eminentemente 'nordica' di Roma non poteva non contrapporsi alla struttura razziale propria dell'elemento punico, quale tentava di individuarla con precisione «der moderne Forscher» [!] sensibile al concetto di razza: ad esempio ci si chiedeva se la proverbiale slealtà punica fosse carattere razziale armenoide o desertico o camitico. Cfr. anche K. CHRIST, *Homo novus, ein Typus der deutschen Politik. Zum hundertsten Geburtstag von Joseph Vogt*, rec. a D. Königs, *Joseph Vogt - Ein Althistoriker in seiner Zeit*, Basel 1995, in "Frankfurter Allgemeine Zeitung", 23. Juni 1995, p. 12.

[26] Si veda, oltre al già citato *Civiltà caduche e civiltà perenne*, p. 19 [= p. 476], la pagina del *Pericle* (1944) dove un riferimento al pericolo in cui si trova la «cara e gloriosa» patria viene chiosato: «Scritto durante il secondo bombardamento anglo-americano di Roma» (p. 265 n. 18).

[27] Nel fascicolo I dei "Quaderni di Roma", Rivista bimestrale di cultura diretta da Gaetano De Sanctis, edita da Sansoni (1, 1947, p. 87), sulla neutralità imposta all'Italia si legge un intervento redazionale non firmato nella rubrica "Cronache politiche" (autore Amintore Fanfani, secondo l'allora segretario di redazione Paolo Brezzi): «E così l'Italia, col trattato di pace è indebolita al punto da esser vulnerabile da chiunque. In caso di guerra essa diverrebbe nuovamente campo di battaglia europeo: la questione d'Oriente accenna in qualche

anche il ministro democristiano, di fronte fra l'altro all'urgenza e alla gravità impreviste del «pericolo nuovo» costituito dall'arma atomica, afferma l'esigenza di una pace equa contro lo strapotere americano[28]. Se si ricostruisce la strategia di sviluppo del pensiero nella sezione centrale del discorso attraverso le citazioni, si vede come le ragioni di un popolo vinto a veder garantiti i propri interessi vitali vengano sostenute dichiarando storicamente miope il monito di Machiavelli che parrebbe raccomandare quale soluzione politica

---

modo a concludersi e i Balcani nei prossimi anni troveranno forse la quiete. Si balcanizzerà invece l'Italia?». Circa l'influsso fanfaniano sulla rivista postbellica di De Sanctis, si ricordi come il fascicolo inaugurale ospiti, dopo il desanctisiano *Essenza e caratteri di un'antica democrazia* (pp. 43-58), appunto un contributo di Fanfani, su *Cristianesimo e buon governo* (pp. 59-69).

[28] Per cogliere le diffuse preoccupazioni in tal senso che si vennero precisando già negli ultimi mesi del '45, appare utile la testimonianza di un intellettuale italiano antifascista esule negli USA, che già nel 1937 aveva ottenuto la cittadinanza americana, quale Giuseppe Antonio Borgese. Nella «Prefazione italiana» al suo *Goliath*, datata «Riverside (Connecticut), novembre 1945», Borgese scriveva: «nel mondo unitario di giustizia e organate libertà che s'intravede come sola alternativa alla rovina di tutto (e che non va confuso con blocchi occidentali e altrimenti antirussi, dualismi peggiori di ogni molteplicità), io non vedo l'Italia come una colpevole in perpetuità penitente o satellite in cenci» (*Golia. Marcia del fascismo*, Nuova edizione riveduta dell'Autore, Milano 1946, p. 17).

lo «spegnere» gli avversari[29]; e per alludere ai temi dell'etica civile, l'oratore fa ricorso all'autorità laica di Montesquieu, mirante a svilire il transitorio vantaggio dato a Cartagine dall'opulenza per esaltare quello di diversa consistenza e durata conseguito da Roma grazie alle sue virtù morali.

Plutarco è menzionato per una 'caratteristica' del popolo cartaginese, oggetto nei suoi *Precetti politici* (799 CD) – insieme con l'ateniese, il tebano, lo spartano – di una di quelle *synkriseis* fra popoli che avevano illustri modelli nella storiografia greca (Tucidide, Polibio). Plutarco sottolineava dei Cartaginesi, secondo quello che chiaramente era ormai soltanto un *topos*, la loro assenza di *philanthropia*, all'interno e nei rapporti coi nemici. «Dove arrivavano le armi di Cartagine la vita dello spirito taceva», chiosa Gonella, ma, nel gioco del rinvio di citazioni, dà vita a un costrutto stranamente affine alle celeberrime parole di Calgaco in Tacito sulla vera natura del dominio di Roma (*ubi solitudinem faciunt, pacem appellant*)[30]. E l'«inumanità» nei patti cartaginesi, se è evocata dall'oratore senza riferimenti a eventi storici, con i medesimi caratteri di luogo comune che essa ha nel modello plutarcheo, offre in com-

---

[29] Nel su citato fascicolo dei "Quaderni di Roma" (pp. 19-31) è ripreso uno studio del '42 di Jacques Maritain, di ispirazione affine a queste tesi, su *La fine del machiavellismo*.

[30] *Agricola* 30.6.

penso il destro ad una teoria strumentalmente e-
sposta tenendo di vista l'oggi: «la giustizia esige
un rispetto proporzionale delle disuguaglianze».

La condizione di vinti in cui si trovano gli Italiani rispetto alle grandi potenze economiche
dell'Occidente suggerisce accenti non inediti:
l'avversaria di Roma è razzisticamente dipinta
come incapace di vita spirituale (il trattato di a-
gricoltura di Magone viene contrapposto ai canti
dei poeti), e inoltre retta da un sistema 'capitali-
stico' inteso ad affermare il diritto del più forte,
schiacciando la controparte del cui consenso cre-
de di poter fare a meno nella stipula degli accordi. Si ricordano al riguardo i trattati tramandati
da Polibio, che documentano gli accordi stretti
in tempi diversi da Cartagine con Roma: l'analogia, lampante, sarebbe fra la tendenza propria
dell'antica avversaria «a fare del vinto un sottomesso [...] matrice di un errore che dagli antichi
secoli si ripete nella storia», e la presente imposizione di un ordine internazionale intrinsecamente violento, nelle condizioni date di monopolio e-
conomico e supremazia militare dei vincitori.

Nella sezione finale dell'orazione viene esalta-
ta la duttilità del diritto internazionale di Roma,
ispirato a senso della storia più che obbediente a
schemi rigidi. La parenesi al vincitore perché de-
ponga l'orgoglio e abbandoni il desiderio di stra-
vincere si avvale ancora del ricorso a Tucidide, di

cui è ricordato l'invito alla «moderazione» nel concludere i patti rivolto dagli ambasciatori spartani ad Atene dopo i fatti di Sfacteria[31]. E tuttavia l'argomento parenetico più forte si fonda sullo sgomento testimoniato a partire dall'età di Seneca e Tacito di fronte all'idea di un esaurimento della missione di governo mondiale di Roma: di fronte a quella possibile 'fine della storia', dilatatosi l'orgoglio del *civis* a coscienza della comune umanità, soltanto l'idea di una pace cristiana aveva potuto appagare l'alta esigenza di giustizia e assurgere a riferimento obbligato per il diritto internazionale.

Così, con sensibilità culturale e abilità oratoria, Gonella allarga in chiusura l'orizzonte del suo discorso con il pensiero sulla *pax Christiana* tratto da un sermone di Leone Magno; ma è degno di rilievo come l'ispirazione al riguardo gli venga verosimilmente da Arnaldo Momigliano, delle cui riflessioni si gioverebbe, pur senza citare la fonte. Va detto infatti che qui pare indirettamente riecheggiato un analogo, conclusivo riferimento a Leone[32] che si legge nella prolusione torinese tenuta da Momigliano nel 1936, sul tema *Koinè eirene, pax romana, pax christiana*. Il

---

[31] IV 19.2-4.
[32] «Papa Leone I, che considera senz'altro assorbita la *pax romana* nella *pax christiana* e ritiene compito della Chiesa il continuare l'opera dell'Impero».

testo della prolusione è apparso, postumo, solo recentemente[33], e dunque non sarà certo stato noto a Gonella; ma qualche elemento della riflessione di Momigliano sul tema 'pace romana e pace cristiana' sarà stato recepito, e introdotto nel nostro discorso d'occasione, attraverso la mediazione della voce *Roma. Età imperiale* dell'*Enciclopedia Italiana*, redatta da Momigliano in quello stesso anno 1936[34]. Prova oggettiva di questa dipendenza è nella pericope del *Sermo* 82 di Leone, che costituisce la citazione conclusiva di Gonella: la stessa – un po' più ampiamente ritagliata dal contesto, e in lingua latina – che compare nella pagina finale della voce enciclopedica redatta da Momigliano a chiarimento dell'azione del Papa «che più chiaramente scrive e fa scrivere sulla *pax christiana* che conquista il mondo».

Il discorso di Gonella si chiude con un forte, ancorché anonimo richiamo: «dobbiamo anche oggi saper dire al mondo ciò che recentemente disse un grande italiano: 'I trattati non negoziati o si respingono, o si subiscono senza discuterli',

---

[33] Vd. C. Dionisotti, *Ricordo di Arnaldo Momigliano,* Bologna 1989, pp. 109-130 [p. 129] = A. M., *Nono contributo alla storia degli studi classici e del mondo antico*, edito a cura di R. Di Donato, Roma 1992, pp. 409-423 [p. 423]; circa il titolo, assente nell'originale ma indicato in un memorandum autobiografico, si veda la nota asteriscata del curatore del *Nono contributo*, p. 409.
[34] Vol. XXIX, pp. 649-650.

come si subisce un sopruso». L'autore del pensiero citato, che credo vada identificato con Benedetto Croce[35], proprio perché anonimo assume carattere di voce unitaria della coscienza nazionale, senza distinzione alcuna fra parte laica e cattolica[36].

[35] Ancora di lì a qualche giorno, come riportano i giornali del 2 febbraio 1947, Croce sarebbe pubblicamente intervenuto sulla firma del trattato di pace dinanzi al Consiglio nazionale del Partito Liberale Italiano: affermando che tale trattato calpestava oltre tutto principi fondamentali di umanità, egli avrebbe invocato in quel frangente un atteggiamento concorde. Nel febbraio del '47, nel corso dell'inaugurazione dell'Istituto Italiano per gli Studi Storici, un deferente omaggio sarebbe stato reso dal cattolico Gonella al liberale Croce: l'indirizzo di saluto rivolto in quell'occasione al filosofo dal ministro per la Pubblica Istruzione in carica venne pubblicato da Laterza, in appendice a A. CASATI, *L'Istituto Italiano per gli Studi Storici. Discorso pronunciato in Napoli il giorno 16 febbraio 1947 inaugurandosi l'Istituto*, Bari 1947, pp. 15-18 (il discorso di Casati era stato pronunciato in apertura della cerimonia, quindi aveva portato il suo saluto il ministro, ed era poi seguita la prolusione di Benedetto Croce). Nel suo intervento Gonella affermava fra l'altro: «Ciò che lo rende particolarmente caro agli italiani il nome di Benedetto Croce è la sua fedeltà profonda ad una missione intellettuale intesa come legge di vita, fedeltà di cui egli è esempio e maestro. [...] A questa coerenza dell'uomo è doveroso e gradito rendere omaggio, anche se divergente possa essere l'ideale di vita». Ancora parole di apprezzamento per il Croce pensatore politico si leggono in G. GONELLA, *Diritto e morale. Saggi di teoria e storia*, Milano 1960, pp. 285-292, a proposito della «valutazione del machiavellismo nell'etica di Benedetto Croce».

[36] Per la valutazione ufficiale di parte comunista di quel momento politico, vd. *La firma del «trattato»*, "Rinascita" 4,

Una valutazione fondata sulla qualità del reimpiego compiuto, in chiave cattolico-universalistica, di uno dei più produttivi 'miti' politici derivati dalla storia di Roma, suggerisce di inquadrare questo intervento sul tema cruciale della pace negli anni postbellici in una categoria – «clericale-nazionale» a forte accentuazione 'romana' – che Brezzi adottò proprio a proposito dell'attività dell'Istituto di Studi Romani[37]; definizione adeguata, direi, più della pur felice e celebre formula di «clerico-fascismo», adoperata a proposito del potere democristiano da chi proprio su Gonella ministro della Pubblica Istruzione sovente e con felice *verve* polemica puntò i suoi strali polemici[38].

---

n. 1-2, gennaio-febbraio 1947, pp. 3-4: «Il 'trattato' di pace per l'Italia è stato firmato [...] un punto fermo che rappresenta una situazione la quale, per lo meno, non potrà più peggiorare. Resta a vedere se, come, quando e in qual modo si riuscirà a migliorarla. [...] Circa la decisione di De Gasperi, una sola osservazione può essere fatta: che essa contrasta con un precedente voto del gruppo parlamentare della Democrazia Cristiana [...] In linea di sostanza, però, occorre riconoscere all'on. De Gasperi il merito di avere svincolato il suo partito da una posizione che non si comprendeva bene che cosa significasse, e che vi era il dubbio potesse non essere ispirata esclusivamente da considerazioni di politica estera e d'interesse nazionale».

[37] *Op. cit.*, p. 707.
[38] L. RUSSO, *Gonella buffone*, "Belfagor" 4, 1949, pp. 112-115; *Il clerico-fascismo*, "Belfagor" 3, 1948, pp. 345-346.

APPENDICE

Del discorso qui ristampato uscirono a Roma nel 1947 in forma di opuscolo due diverse redazioni, in due distinte edizioni, l'una presso l'Istituto Poligrafico dello Stato (collana di "Pubblicazioni a cura dell'Ufficio studi, Ministero della Pubblica Istruzione"), l'altra presso l'Istituto di Studi Romani Editore ("Quaderni di Studi Romani", Serie seconda, I).

Il testo originale, come pare chiaro dal confronto fra le due stesure, è quello edito dal Poligrafico, che definiremo redazione A.

L'autore procedette quindi a una rielaborazione, apportando numerosi ritocchi formali e di volta in volta ricercando espressioni più piane, puntuali, pregnanti; operò inoltre aggiunte, anche di una certa estensione, e introdusse qualche mutamento sia nel lessico politico, sia nella formulazione di giudizi storici, variamente mitigati o resi più 'moderati' (caddero ad es. alcuni riferimenti alla giustizia sociale o alla tutela di diritti violati).

La redazione riveduta e corretta, che definiremo B, pubblicata dall'Istituto di Studi Romani Editore, è quella qui riprodotta.

Si segnalano le divergenze fra A e B che paiono di qualche rilievo sul piano dei contenuti (il primo numero di pagina è quello della presente ristampa):

p. 54: «Roma, invocata ad insegnare l'arte dell'imperio» [A, 4], «Roma, invocata ad insegnare l'arte dell'impero» [B, 8];

p. 57: «La Polis greca non conobbe la pace, perchè non seppe cogliere la natura profonda della 'tranquillitas ordinis'» [A, 5], «La Polis greca non conobbe la pace, perchè non seppe la pacificazione degli animi, la 'tranquillitas ordinis'» [B, 10];

p. 57: «la pace è opera della giustizia, cioè di una virtù che disciplina rapporti sociali e con sapiente pazienza prepara le vie della comprensione e dell'amore» [A, 6], «la pace è opera della giustizia, di una virtù che con sapiente pazienza insegna le vie della comprensione e dell'amore» [B, 11];

p. 59: «il monito ripetuto dal Machiavelli, se può render grandi, rende, presto o tardi, infelici gli Stati» [A, 7], «il monito ripetuto dal Machiavelli può rendere grandi ma infelici gli Stati» [B, 12];

p. 60: «un approfondito esame dei fatti» [A, 8], «un approfondito esame dei dati di fatto» [B, 13];

p. 61: «Ripensiamo alle città che, distrutte con tale sistematica ferocia, non si sarebbero rialzate mai più» [B, 14; la frase manca in A];

p. 61: «Se l'oggetto di un trattato è moralmente illecito, perchè opprime il diritto naturale di un popolo» [A, 8], «Se l'oggetto di un trattato è moralmente illecito perchè opprime un diritto naturale di un popolo» [B, 14];

p. 64: «la 'ratio' del patto sta nel diritto della vittoria, cioè di chi, soltanto perchè è il più forte, condanna senza difesa e senz'appello il vinto» [A, 10], «la 'ratio' del patto viene posta nel diritto della vittoria, cioè nel diritto del più forte che condanna il vinto» [B, 16];

p. 64: «Ma la guerra è una semplice prova di forza, un rapporto fra forze, e non una prova di diritto, una decisione fra il giusto e il torto. – E se la guerra è ingiusta? E se il vincitore abusa della vittoria? E se il belligerante che lotta per la giustizia ha la peggio? Le risposte che nei secoli successivi si cercarono di dare a questi interrogativi rivelano che chi considera un trattato di pace come una sentenza si basa sull'erronea identificazione del giusto con il più forte, escludendo quindi che il giusto possa essere il soccombente, mentre la storia del

41

mondo è pure storia di diritti conculcati dalla forza» [B, 16-17; il brano manca in A];

p. 65: «L'accordo realizza una forma di *coordinazione*, la quale attua un ordine internazionale ben più vitale di quello che è fondato su rapporti di supremazia e subordinazione fra popoli» [A, 10], «L'accordo realizza una forma di *coordinazione*, ed impedisce che i rapporti fra popoli possano ridursi a rapporti di subordinazione» [B, 17];

p. 68: «Roma, la quale nelle sue secolari vicende belliche non raramente si trovò ad aver come combattenti al suo fianco e quali cooperatori efficaci ai fini di nuove vittorie quelli stessi che avevano subito la sua vittoria [...] Ma se i fatti mutano, muta la situazione, che ne è stata determinata, e deve mutare la conseguente risoluzione politica e giuridica. – Varia, dunque, il diritto convenzionale, se, ripetiamo, i fatti sono il presupposto della formazione e della estinzione delle norme giuridiche» [A, 12], «Roma, la quale nelle sue secolari vicende belliche non raramente si trovò nella condizione di combattere a fianco di suoi ex-nemici divenuti alleati, di soccombenti divenuti cooperatori efficaci ai fini di nuove vittorie [...] Malgrado i fatti che hanno determinato

42

una situazione, se mutano i fatti, muta la situazione stessa e quindi deve mutare la sua risoluzione politica e giuridica. – Il diritto convenzionale è fondato sul fatto e, variando il fatto, varia il diritto: i fatti sono il presupposto della formazione e della estinzione delle norme giuridiche» [B, 20];

p. 70: «un trattato di pace dovrà avere una funzione formalmente negativa (*alterum non laedere*), e una funzione positiva (*suum cuique tribuere*)» [A, 13], «un trattato di pace dovrà avere una qualità negativa (*alterum non laedere*), e una qualità positiva (*suum cuique tribuere*)» [B, 21];

p. 70: «Il problema dell'*essere* di un trattato di pace è distinto dal problema della razionalità e quindi dell'efficacia vincolativa del trattato. La semplice *esistenza* non significa validità: se non sono osservate le condizioni di giustizia, il patto non potrà essere patto» [A, 14], «Il problema dell'*essere* di un trattato di pace è distinto dal problema della razionalità e quindi dell'obbligatorietà del trattato. La semplice *esistenza* non significa validità. Quando nell'enunciazione dell'assiomatico principio di rispetto dell'obbligatorietà dei patti, si parla di *pacta*, si intende dire *justa pacta*, poichè, se non sono osservate le condizioni di giustizia, il patto non potrà essere patto» [B, 21-22];

p. 71: «Ed è in questa *humanitas* di Roma la ragione della sua grandezza vitale e perenne: grandezza il cui segreto si trova nell'aver avuto fede negli uomini, nell'aver saputo incontrarli al di sopra del privilegio della *gens* e della *civitas*» [A, 14], «E qui fu veramente l'‘humanitas’ di Roma, la sua grandezza vitale e perenne: nell'aver avuto fede negli uomini, nell'averli incontrati, al di sopra del privilegio della razza e del sangue» [B, 22].

Viene lasciata cadere in B, per comprensibili ragioni di opportunità, la frase «Roma pagò con la stessa moneta che intendeva usare Cartagine, e la sua vendetta fu spaventosa e implacabile» [A, 11].

Fra le varianti che toccano aspetti formali si ricordano, *exempli gratia*:

p. 54: «la storia di Roma […] esercita un fascino quasi irresistibile» [A, 4], «la storia di Roma […] esercita un fascino difficilmente resistibile» [B, 8]; p. 55: «gli uomini si affaticano nello sforzo di costituire e garantire la pace, perchè al suo raggio la vita umana possa rifiorire» [A, 4], «gli uomini si affaticano nello sforzo di organizzare la pace, di garantire la pace, perchè alla sua ombra la vita umana possa rifiorire» [B, 8]; p. 55: «l'ordine che spontaneamente si manifesta nella concretezza del reale» [A, 4], «l'ordine che spontaneamente si rivela dalla concretezza del reale» [B, 9]; p. 57: «elevò a valore assoluto l'armoniosa bellezza» [A, 5], «elevò ad assoluto l'armoniosa bellezza» [B, 10]; p. 57: «fece del denaro la ragione della sua vita» [A, 6], «fece del denaro la molla della sua vita» [B, 11]; p. 58: «Di molti secoli era anticipato l'amaro suggerimento del Machiavelli al suo Principe» [A, 6], «E dopo secoli si è rinnovato l'amaro suggerimento di Machiavelli al suo Principe» [B, 12]; pp. 60-61: «i soldati ebbri di sangue» [A, 8], «i soldati ebbri di vittoria e di sangue» [B, 13]; p. 64: «ancorchè la forma ne sia apparentemente contrattuale» [A, 10], «pur ammettendo che la forma sia apparentemente contrattuale» [B, 16]; p. 65: «l'epilogo della violenza esercitata mediante gli illusori patti di pace» [A, 11], «l'epilogo della violenza esercitata dai suoi illusori patti di pace» [B, 17]; p. 66: «la ridusse in un cumulo di pietre» [A, 11], «la ridusse ad essere un cumulo di pietre» [B, 18]; pp. 67-68: «la realtà dei fatti, su cui poggia l'inesausto operare umano» [A, 12], «la realtà dei fatti su cui poggia i piedi l'inesausto operare umano» [B, 19]; p. 69: «La realtà come realtà non è un valore etico: è un fatto o un atto eticamente valutabile» [A, 13], «La realtà come realtà non è un valore etico: bensì è eticamente valutabile» [B, 21]; p. 69: «può illudersi di soddisfare un contingente bisogno di *sicurezza* del vincitore» [A, 13], «potrà illusoriamente cercar di soddisfare un contingente bisogno di *sicurezza* del vincitore» [B, 21]; p. 71: «il contrasto fra la *civitas* e le province» [A, 14], «il contrasto fra territorio cittadino e province» [B, 22]; p. 72: «uno slancio di misticismo sociale» [A, 15], «un primitivo slancio di misticismo sociale» [B, 23]; p. 73: «l'ideale non si identifica mai col reale» [A, 16], «l'ideale non si identifica con il reale» [B, 24]; p. 75: «una libertà, non donata, ma consapevolmente meritata» [A, 16], «una libertà, non donata, ma consapevolmente conquistata» [B, 25]; p. 78: «noi Italiani, che stiamo penosamente percorrendo le stazioni della nostra Via Crucis, dobbiamo pur ripetere al mondo ciò che recentemente ha detto un grande Italiano» [A, 19], «noi italiani che stiamo penosamente percorrendo le tappe della nostra Via Crucis, dobbiamo anche oggi saper dire al mondo ciò

che recentemente disse un grande italiano» [B, 28]; p. 78: «lacerando il
corpo e ferendo il cuore della patria»
[A, 19], «lacerando il corpo e quindi
pure il cuore della patria» [B, 28].
   «La disfatta di Caudio» (p. 58 [=
B, 11] è in A [6], per un refuso, «la
disfatta di Claudio».

Un'attenzione particolare meritano alcune si-
gnificative divergenze in apertura dell'opuscolo.
Una è rappresentata dall'aggiunta in B di un''e-
pigrafe' di forte connotazione ideologica, topica-
mente romanolatrica, costituita da alcuni versi
dell'esaltazione di Roma di Rutilio Namaziano
(*De reditu suo*, I 63-66, 71-72); i versi sono stam-
pati a fronte della pagina iniziale del discorso.

L'altra, dalle implicazioni forse ben più signi-
ficative, riguarda i dati premessi al testo che
informano sull'occasione celebrativa. Nell'edizione del Poligrafico sono contenuti in una nota al
titolo, in cui si legge «Discorso tenuto il 16 febbraio 1947 nella Sala Borromini in Roma, alla
presenza del Capo Provvisorio dello Stato, del
Presidente della Assemblea Costituente, di Cardinali, Ministri e diplomatici, per l'inaugurazione
del XXI Anno accademico dei Corsi superiori
dell'Istituto di Studi Romani». Curiosamente è
qui fornita una data errata (16 febbraio in luogo
di 16 gennaio); inoltre, fra le autorità presenti, ci-

tate non nominativamente e in modo più selettivo che nell'ed. ISR, si fa menzione del «Presidente della Assemblea Costituente», ricordato subito dopo De Nicola. Ma Umberto Terracini, presente in realtà alla cerimonia, non ricopriva in data 16 gennaio quella carica: nel gennaio 1947 presidente della Costituente era ancora Giuseppe Saragat, di lì a poco dimissionario, in sostituzione del quale solo l'8 febbraio successivo sarebbe stato eletto il vicepresidente Terracini.

Nell'edizione ISR, dopo l'indicazione (esatta) della data, e la menzione fra i presenti di personaggi di vario rango nelle gerarchie ecclesiastiche e civili come il card. Salotti, il Gran Maestro dell'Ordine di Malta, il Nunzio Apostolico Borgongini Duca, l'ambasciatore di Polonia e non precisati Ministri, si ricorda invece in modo corretto – anche se in una posizione che non tiene adeguato conto del suo rango – il «V. Presidente dell'Assemblea Costituente On. Umberto Terracini», insieme con «membri dell'Assemblea». (Analogamente e dunque non casualmente depressiva è la collocazione di Terracini nell'elenco delle autorità presenti alla cerimonia dato dall'"Osservatore Romano" del 18 gennaio 1947: prima di lui vengono infatti ricordati, oltre che De Nicola, Salotti e gli altri su menzionati, anche il Commissario straordinario al Comune e vari monsignori, ministri e sottosegretari).

Nell'edizione del Poligrafico sono pertanto *compresenti* due 'falsi' storici: l'estensore della nota colloca l'evento in una data erronea (16 febbraio), e attribuisce in modo conseguentemente fittizio a Umberto Terracini la carica di presidente della Costituente, seconda solo a quella del Capo dello Stato; Terracini, come si è detto, a quella data non ricopre ancora tale carica, e la assumerà solo nel successivo mese di febbraio.

Le posizioni del comunista eterodosso Terracini erano fortemente contrarie a uno svilimento del ruolo internazionale dell'Italia, anche sul piano militare, e dunque in qualche modo risultavano affini sul tema della firma del trattato di pace a quelle del Gonella oppositore interno di De Gasperi. Lo si coglie con piena evidenza nel suo discorso d'insediamento quale Presidente dell'Assemblea Costituente ("Atti della Assemblea Costituente". Discussioni dal 6 febbraio 1947 al 27 febbraio 1947, volume II, Roma 1947, p. 1101), in cui definisce il trattato di pace «legge d'imperio e perciò stesso legge iniqua. Nessun italiano vi ha posto mano, e perciò suona a beffa il titolo di trattato del quale si orna. Essa non corrisponde ai diritti sacri che vennero proclamati come nuova Carta del mondo liberato dai fascismi; e perciò manca di fondamento giuridico». A questo attacco risponderà De Gasperi con accenti di consapevolezza per il carattere ingiusto o inattuabile di molte clausole («Il quesito non è dunque quello di consentire o non consentire, perché un trattato imposto non può essere oggetto né di consenso né di dissenso»: *ibid.*, p. 1103). Per le preoccupazioni di Terracini circa la difesa del territorio nazionale, va ricordata inoltre l'intervista da lui rilasciata verso la metà dell'ottobre 1947 all'agenzia di stampa "International News Service", in cui affermava fra l'altro «se la guerra dovesse scoppiare, si può essere certi che questo paese di quarantacinque milioni di individui si schiererà contro l'aggressore, quale che esso sia» (vd. al riguardo A. Agosti, "Studi storici" 31, 1990, pp. 73-81).

In conclusione, si può ipotizzare che all'origine dell'altrimenti inspiegabile doppio errore nella redazione A vi sia stato un qualche consapevole intento politico. Ad esempio la volontà di Gonella di dare comunque il massimo risalto nell'edizione 'ministeriale' a un'alta personalità quale Umberto Terracini, e alla non del tutto ovvia presenza di lui – intellettuale comunista di stirpe ebraica – a una cerimonia svoltasi in una sede tradizionalmente connotata come *clericale* e conservatrice. E ciò evidentemente a sostegno di un oggettivo rilievo politico 'nazionale' delle tesi polemiche sostenute nella prolusione.

Guido Gonella

PACE ROMANA
E PACE CARTAGINESE

*Conferenza di prolusione al XXI an-
no accademico dei Corsi Superiori di
Studi Romani, tenuta nella Sala Borromini il 16 gennaio 1947, con l'intervento del Capo Provvisorio dello Stato
On. Enrico De Nicola, presenti S. Em.
il Cardinale Carlo Salotti, il Gran
Maestro del S. M. Ordine di Malta S.
A. Em.ma Principe Ludovico Chigi Al-
bani, il Nunzio Apostolico S. E. Mons.
Francesco Borgongini Duca, l'Ambasciatore di Polonia, Ministri, il V. Presidente dell'Assemblea Costituente
On. Umberto Terracini e membri del-
l'Assemblea.*

Fecisti patriam diversis gentibus unam:
Profuit iniustis te dominante capi.

Dumque offers victis proprii consortia iuris,
Urbem fecisti, quod prius orbis erat.

....

Hinc tibi certandi bona parcendique voluptas
Quos timuit superat, quos superavit amat.

Rutilii Cl. Namatiani, *De reditu suo.*
I, 63-66, 71-72.

Nell'inaugurare il XXI anno accademico dei Corsi Superiori promossi dal benemerito Istituto di Studi Romani, per la prima volta alla presenza del Presidente della Repubblica, l'animo nostro sente tutta la dignità e la responsabilità dell'avvicinarsi al nome augusto di Roma con cuore sereno, sgombro sia da preoccupazioni apologetiche che da opposte manie detrattorie.

Nel turbine di questo nostro mondo che profondamente soffre e nella sofferenza si rinnova, ritorniamo alla nostra storia, ribelli e insieme devoti, spinti dall'urgenza dei problemi che ogni giorno affiorano, sempre eguali e pur sempre diversi.

Tucidide, nel proemio della sua opera scrisse: «Forse la mia storia, spoglia dell'elemento fantastico, accarezzerà di meno l'orecchio; ma basterà che la giudichino utile quanti vorranno sapere ciò che del passato è certo, e acquistare ancora preveggenza per il futuro, che potrà, quando che sia, ripetersi, per la legge naturale degli uomini, sotto identico o simile aspetto. Sicchè quest'opera è stata concepita perchè avesse valore eterno».

Ma è ben raro che l'uomo si volga alla storia per docilmente accettare l'ammaestramento del passato, modellando su di esso l'azione del presente. Ognuno infatti porta nello studio del passato il segreto del suo cuore, cerca perchè desidera; desidera perchè ama. Cerca nel passato le sue passioni, le sue speranze, cerca la giustificazione o la critica del presente. E così la storia, che pure ha una sua oggettiva significazione, si illumina di luci discordi.

Così fu anche della storia di Roma, invocata ad insegnare l'arte dell'impero e il segreto della giustizia nella pace; la sapienza pagana e l'ascesi cristiana.

Mentre muta e tramonta ogni vicenda ed ogni potenza, mentre le generazioni trapassano e la vita civile tutta subisce trasformazioni radicali, la storia di Roma rimane patrimonio comune, esercita un fascino difficilmente resistibile su uomini e su popoli e su civiltà diverse, perchè la ricchezza della sua umanità la rende onnicomprensiva.

Ed è nella individuazione di tale umanità che la ricerca di chi si volge alla storia di Roma perde ogni sapore di vanità retorica, ogni sospetto di opportunità contingente, per acquistare vivissimo senso di attualità, di pratica ispirazione a risolvere il problema del decadimento della nostra civiltà, che è decadimento di umanità, trionfo del «mito» sul «logo» secondo l'espressiva immagine di Huizinga.

* * *

Oggi duramente riscossi dall'urgenza e dalla vastità insospettata del pericolo nuovo, gli uomini si affaticano nello sforzo di organizzare la pace, di garantire la pace, perchè alla sua ombra la vita umana possa rifiorire. L'ansia del presente li fa volgere alla storia di Roma, invitandoli a meditare sull'insegnamento di una concreta e secolare organizzazione della pace, unica nel genere suo, che dopo aver resistito per secoli ad elementi interni ed esterni di disgregazione, ancor oggi illumina di luce lo sforzo dei pensatori e degli uomini di governo.

Frutto dell'umanità di Roma fu la pace, premio della volontà buona, che si seppe sottomettere alla legge del giusto, premio della intelligenza che riconobbe la «naturalis ratio» pronta a cogliere la lezione della vita, ad accettare l'ordine che spontaneamente si rivela dalla concretezza del reale.

Per questa presenza di una volontà e di una intelligenza rettamente, umanamente orientate, Roma appare quale simbolo di pace, anche se la sua storia gronda sangue, anche se essa fu dilaniata da intestine lotte, minacciata nel suo nucleo vitale dalla decadenza del costume, anche se essa conobbe la sventura e la sconfitta. Roma infatti, in un mondo in cui la guerra era la realtà del tempo e anche nella teoria appariva condizione naturale dello sviluppo dell'uomo, pose le basi, le premesse della pace: ebbe il coraggio di assumersene la responsabilità, il rischio. Mostrò che la pace non è ozio incosciente o chiuso egoismo, ma conquista che si rinnova col quotidiano coraggio, con la quotidiana avventura di chi si espone ogni giorno alla possibilità di perdersi, mentre generosamente si apre ad accogliere ogni umana esperienza di vita.

Roma ebbe quella coraggiosa fiducia che era mancata alla civilissima Grecia, la quale, pur esaltando i valori individuali e ponendo le basi dell'ordinamento democratico, non ebbe il coraggio di dilatare la sfera della vita al di là dell'individuo e della Polis. «La città – aveva detto Aristotele – basta a se stessa, formandosi per lo scopo della esistenza, ed avendo raggiunto quello di una esistenza perfetta...; il bastare a se stesso è il fine supremo e più alto»[1]. La Polis, con l'autarchia, soddisfa alle esigenze di un'associazione integrale e questa Polis autarchica, e per ciò stesso limitata, si fa simbolo, e insieme limite, dell'attività di tutti i suoi membri, i quali sentono la propria individualità valere nell'individualità della Polis, al punto che, quando le strutture politiche di essa verranno a cadere, decadrà anche, con singolare rapidità, il vigore operoso del pensiero, dell'arte e dell'attivo operare del popolo greco.

Singolare destino di un popolo, che da pre-

---

[1] ARIST., *Pol.*, 1252 b.

messe individualistiche e democratiche, elevò ad assoluto l'armoniosa bellezza della sua patria terrena, e perì colla sua stessa rovina.

La Polis greca non conobbe la pace, perchè non seppe la pacificazione degli animi, la «tranquillitas ordinis». Non seppe sanare nel suo stesso cuore il contrasto fra cittadini e non cittadini, non seppe orientare il graduale sviluppo del fecondo seme di democratica eguaglianza alle finalità del bene comune, riuscendo incapace a comporre un definitivo equilibrio fra le alternative della cruda repressione oligarchica e dell'incomposta agitazione demagogica. Perciò non seppe portare elemento di pace nel suo contatto con altri popoli ed altre stirpi, non seppe superare l'abisso che divideva i greci dai «barbari». Non seppe generare la pace, ripetiamo, perchè fu un mondo chiuso, una giustapposizione di mondi chiusi, mentre la pace è opera della giustizia, di una virtù che con sapiente pazienza insegna le vie della comprensione e dell'amore.

* * *

Altro mondo chiuso, negato all'umanità della pace, fu Cartagine. Cartagine dal contatto cogli uomini e coi popoli apprese solo la consumata perizia dei traffici e l'astuzia dello sfruttamento, e fece del denaro la molla della sua vita, della sua politica interna. «Essendo la costituzione cartaginese oligarchica – informa Aristotele – si cerca di evitare le rivoluzioni mandando sempre qualche parte del popolo ad arricchirsi nelle colonie»[1]. Cartagine instaura una politica di monopolio e di privilegio, e si culla nella fittizia prosperità dell'oro, e dell'oro fa l'elemento costitutivo della sua struttura politica. E se vive nella pace, «questa è opera del caso – aggiunge sempre Aristotele – laddove l'assenza delle rivoluzioni deve essere opera del legislatore»[2].

Di fronte alla storia di Cartagine, balza alla mente il ricordo di Livio quando narra come E-rennio Ponzio, dopo la disfatta di Caudio, aveva consigliato i Sanniti a lasciare andare incolumi i Romani, oppure a sterminarli tutti; nel primo caso, sarebbero stati avvinti dal beneficio, nel secondo caso si sarebbe definitivamente eliminato un nemico pericoloso. E dopo secoli si è rinnovato l'amaro suggerimento di Machiavelli al suo Principe, là dove dice che «gli uomini bisogna o vezzeggiarli o spegnerli», facendo comprendere che lo «spegnerli», è pur sempre cosa più sicura e definitiva.

La politica di Cartagine con i suoi vicini mediterranei si è risolta in una sistematica violazione

---

[1] ARIST., *Pol.*, 1273 b.
[2] ARIST., *l. c.*

dei diritti naturali di queste genti che, in quel rudimentale mondo di rapporti internazionali, non furono considerate come soggetto di diritti e di obbligazioni, di quei diritti che affermano la personalità di un popolo, di quelle obbligazioni che limitano l'arbitrio del suo potere.

Cartagine non riconobbe alle altre genti che vi sono dei diritti naturali che un popolo non può alienare, primo fra tutti il diritto all'esistenza. Ugualmente vi è un diritto naturale di conservazione che deriva dal diritto all'esistenza, e nel diritto di conservazione si compendiano quelli che oggi si definiscono gli «interessi vitali» di un popolo.

La storia è tutta seminata di queste paci di silenzio e di morte, paci di sopruso e di ingiustizia; ma la storia ci insegna anche che il monito ripetuto dal Machiavelli può rendere grandi ma infelici gli Stati. In ogni caso non rende migliori gli uomini.

La storia di Cartagine, colle due facce della sua politica, quella interna, basata sul privilegio, e quella esterna basata sulla sopraffazione e sul monopolio, ci ricorda ancora una volta che il calcolo dell'utilità immediata può garantire il successo di un'impresa, può costruire la grandezza passeggera di un uomo, ma non la prosperità durevole di un popolo.

Oltre vent'anni durò la prima guerra punica, oltre vent'anni la seconda, e Cartagine conobbe il successo e l'inumano trionfo sui vinti, ma non la vittoria, perchè l'oro e la ricchezza, secondo l'immagine del Montesquieu, si esaurirono presto, mentre la povertà di Roma, fatta di forza, di sacrificio, di virtù restava un tesoro inesauribile.

Plutarco scrisse dei Cartaginesi: «Questo popolo è pieno di acredine; sottomesso a coloro che lo governano, tirannico verso quelli che gli sono sottomessi, vile quando ha paura, feroce quando è irritato, irremovibile nelle sue decisioni, di una severità che lo rende ostile alle cose lietamente piacevoli»[1].

Le parole di Plutarco possono trovare conferma nella accomodante condiscendenza mostrata da Cartagine di fronte a Pirro vincitore, nella crudele ingordigia mostrata di fronte alle città vinte della Sicilia. La stessa opinione pubblica antica aveva già formulato il suo giudizio di condanna sulla «punica fides» e sulla «punica calliditas», anche se questo giudizio rivela piuttosto una ostilità diffusa, che non un approfondito esame dei dati di fatto.

Se ripensiamo alla guerra per il possesso della Sicilia e alla perenne vicenda della rivalità fra Cartagine e Dionigi, tiranno di Siracusa, ci balzano innanzi agli occhi scene di orrore: Selinunte saccheggiata ed incendiata, mentre i soldati ebbri

---

[1] PLUT., *Moralia*, II, 976, ed. Dübner.

di vittoria e di sangue percorrono in corteo le strade ornati di collane intrecciate con le mani dei nemici mutilati. Ripensiamo alle città che, distrutte con tale sistematica ferocia, non si sarebbero rialzate mai più.

Ma la pace cartaginese non conobbe stabilità, ed il suo impero non conobbe futuro perchè Cartagine non ebbe la coscienza del limite etico dei suoi trattati di pace, estranei ad ogni esigenza di liceità morale e di possibilità di esecuzione pratica.

Se l'oggetto di un trattato è moralmente illecito perchè opprime un diritto naturale di un popolo, il trattato non può avere efficacia vincolativa, poichè ogni illiceità è lesione della dignità e della personalità morale di un popolo, è misconoscimento di quel «neminem lædere» che Roma, e non Cartagine, insegnerà al mondo.

L'inumanità del patto cartaginese si risolve in una impossibilità di esecuzione che conduce sempre all'esaurimento di ogni efficacia obbligatoria degli accordi fra i popoli, poichè è sempre vero che «ultra posse nemo tenetur». Così pure l'esperienza antica ci dice che sull'indeterminatezza delle obbligazioni dei trattati di pace non può germogliare che l'erba amara dell'inosservanza.

La negazione cartaginese della giustizia intesa quale presupposto di ogni vera pace ha fatto illusoriamente ritenere che si possano fondare dei patti, non su relazioni di *giustizia,* ma su rapporti di *potenza.*

Una rozza nozione di giustizia ha indotto Cartagine a negare che ci sia la possibilità di un rapporto di giustizia là dove le parti non si obbligano da uguale ad uguale, dove non si hanno prestazioni mutue tali da controbilanciarsi aritmeticamente, cioè, in ultima analisi, dove un vincitore si trova di fronte a un vinto. Dalla rozzezza di Cartagine bisognerà arrivare alla maturità e raffinatezza di Roma per comprendere che la giustizia è intangibile anche nei rapporti fra disuguali, fra vincitori e vinti. Solo Roma, nella sua maturità politica e giuridica, saprà comprendere che la giustizia esige un rispetto proporzionale delle disuguaglianze: quindi il rapporto fra un popolo forte ed un popolo debole non si risolve necessariamente in un rapporto ingiusto. Si deve temere solo che la forza sia tentata ad approfittare della debolezza, e quindi il debole avrà bisogno di maggiori garanzie di rispetto della giustizia, di maggiori garanzie di sicurezza.

Per considerare altri aspetti della politica estera di Cartagine, dobbiamo ricordare il testo – trasmessoci da Polibio – dei trattati che Cartagine in tempi diversi strinse con Roma. Da essi appare come Cartagine mirasse ad interdire non solo a Roma, ma ad ogni altra città, il traffico e l'uso dei porti del Mediterraneo. Anche i coloni fenici erano vincolati all'egoistico imperialismo cartaginese, che riservava esclusivamente a sè il monopolio dei traffici. Quei coloni erano perciò insofferenti del giogo, e stretti dai vincoli del sangue e del costume, e soprattutto dalla coscienza della propria debolezza ed inferiorità, cedevano a Cartagine quand'essa appariva potente, le si ribellavano nell'avversa fortuna. Annibale, che ben sapeva come l'imperio della sua città si reggesse sul timore, all'inizio della seconda guerra punica, pose in quelle colonie dei presidi spagnoli, allontanandone i cittadini, quali ostaggi, in altri settori dell'immenso campo di battaglia.

Perciò Cartagine rimase straniera, fra popoli che non l'amavano, e di cui essa stessa non cercava di accattivarsi l'amore. Solo nella seconda guerra punica, per influenza evidente dell'esempio romano, Cartagine risolse di concedere il diritto ed il privilegio della cittadinanza alla popolazione libica del territorio che le era rimasto. Ma ugualmente le città l'abbandonavano nel momento del pericolo, contente di poter finalmente sfogare l'odio addensato nell'animo in lunghi anni di soggezione.

Nel suo egoismo Cartagine, pur signora di un impero, non si sforza di modificare la sua rigida struttura politica, per far fronte alle responsabilità del suo primato; mantenendo la sua caratteristica fisionomia di città chiusa, essa si limita a prendere di volta in volta i provvedimenti necessari a garantire il suo dominio, costi quello che costi nei rapporti con i vicini.

Nella travagliata politica estera di Cartagine è sempre presente, anche se inconscia, la tendenza a considerare i trattati di pace come una *sentenza* del vincitore che condanna il vinto, pur ammettendo che la forma sia apparentemente contrattuale. Ogni patto finisce così per essere una finzione nei confronti del vinto, poichè la «ratio» del patto viene posta nel diritto della vittoria, cioè nel diritto del più forte che condanna il vinto.

Ma la guerra è una semplice prova di forza, un rapporto fra forze, e non una prova di diritto, una decisione fra il giusto e il torto.

E se la guerra è ingiusta? E se il vincitore abusa della vittoria? E se il belligerante che lotta per la giustizia ha la peggio? Le risposte che nei secoli successivi si cercarono di dare a questi interrogativi rivelano che chi considera un trattato di pace come una sentenza si basa sull'erronea identificazione del giusto con il più forte, escludendo quindi che il giusto possa essere il soccombente, mentre la storia del mondo è pure storia di diritti conculcati dalla forza.

La pace cartaginese si pone storicamente e teoricamente in netta antitesi con la pace romana per la sua assoluta insensibilità di ogni esigenza del *consenso* da parte del vinto. Cartagine, schiacciando il vinto, volle non comprendere che non vi è possibilità di pace fra le genti senza il consenso, senza l'accordo.

L'accordo realizza una forma di *coordinazione*, ed impedisce che i rapporti fra popoli possano ridursi a rapporti di subordinazione.

Nella tendenza di Cartagine a fare del vinto un sottomesso vi è la matrice di un errore che dagli antichi secoli si ripete nella storia e sistematicamente mina l'osservanza dei patti. Un trattato di pace deve essere un accordo consensuale, e quando manca il consenso si ha un atto di violenza del vincitore sul vinto, un atto di violenza che potrà essere subìto solo in quanto rappresenti un male minore rispetto alla lotta sorda, se non addirittura alle ostilità, alle quali si troverebbe esposto il debole o il vinto che rifiutasse di piegarsi davanti ad un trattato di pace imposto.

La storia di Cartagine ci dice quale sia l'epilogo della violenza esercitata dai suoi illusori patti di pace. Questo epilogo si chiama: «delenda Carthago». Cioè, quando il vinto acquista una tale forza da poter fronteggiare con possibile successo la coazione del vincitore, allora la conservazione di un patto imposto non viene più considerata come un male minore, bensì come un intollerabile stato di inferiorità, non più compatibile con l'avvenuto mutamento dei rapporti di forza.

Questo principio – rigorosamente confermato dalla storia – spiega la caducità dei trattati di pace imposti, spiega i motivi per cui le obbligazioni imposte al vinto vengano dal vinto stesso rifiutate quando la acquistata o riacquistata forza lo risolleva dalla condizione di inferiorità nella quale egli si trova. E nella reazione dell'oppresso il mondo civile non ravvisa una violazione di obbligazioni morali o giuridiche, ma la risposta di un atto di forza contro un precedente atto di forza, una naturale ribellione che scuote un giogo. È proprio questa la tragica storia di Cartagine, quella storia che le costò la vita, che la ridusse ad essere un cumulo di pietre e la cancellò per sempre dalla faccia del mondo.

Ma c'è infine un ultimo elemento, più profondo, nella condanna di Cartagine, della sua guerra e della sua pace: la sua deficiente sensibilità umana, la sua assenza di «filantropia», come già rilevavano gli antichi. Dove arrivavano le armi di Cartagine la vita dello spirito taceva.

L'uomo approfondisce ed arricchisce la sua umanità nel contatto cogli altri uomini, anche nel contatto aspro e violento della guerra. Accoglie ed assimila gli usi, i costumi, la cultura che gli è superiore, in un lento processo di trasformazione e di elevazione. Nulla di tutto questo in Cartagine, dalla quale non ci giungono voci di pensatori nè canti di poeti, ma solo le pratiche ed aride formulazioni del trattato di agricoltura di Magone.

I suoi generali mandano sì in patria i capolavori sottratti alle devastate città della Sicilia, la sua aristocrazia si compiace di un esteriore e formale ellenismo, ma insieme proibisce ai Greci di portare il tesoro della loro cultura alle genti che le sono sottomesse. La cultura punica rimane perciò isolata e chiusa. Ma la pace, la vera e umana pace è fatta anche di questo scambio, di questa reciproca comunione dei beni dello spirito, di questa accettazione coraggiosa dei tesori della civiltà e della cultura, anche se sono i doni del nemico e del vinto.

* * *

Eterna è l'aspirazione alla pace, quella pace che Agostino[1] dice essere «il fine agognato della guerra, poichè ogni uomo anche combattendo cerca la pace, e nessuno cerca la guerra attraverso la pace, sicchè, anche quelli che vogliono turbare la pace in cui vivono – conclude Agostino – non odiano già la pace, ma desiderano cambiarla a loro arbitrio». Ogni pace resta miraggio vano, se non tiene presenti i due poli della pace romana: da una parte la realtà dei fatti su cui poggia i

---

[1] S. AGOST., *De Civ. Dei*, XIX, 12.

piedi l'inesausto operare umano; dall'altra parte l'ideale di giustizia che illumina e guida il cammino della storia umana. Non bisogna perdere di vista la tipica coesistenza e coincidenza di questo *realismo* e *idealismo* della pace romana: cioè i fatti, e la giustizia nella disciplina dei fatti. .

Il realismo della pace romana si concreta nel realismo dell'«jus gentium» di Roma, la quale nelle sue secolari vicende belliche non raramente si trovò nella condizione di combattere a fianco di suoi ex-nemici divenuti alleati, di soccombenti divenuti cooperatori efficaci ai fini di nuove vittorie. La politica di guerra e di pace, e quindi i trattati di pace si poggiano sul fatto, poichè *ex facto oritur jus*, ed il diritto è basato *rebus ipsis et factis*. Malgrado i fatti che hanno determinato una situazione, se mutano i fatti, muta la situazione stessa e quindi deve mutare la sua risoluzione politica e giuridica.

Il diritto convenzionale è fondato sul fatto e, variando il fatto, varia il diritto: i fatti sono il presupposto della formazione e della estinzione delle norme giuridiche. Nella concretezza del giure internazionale romano il diritto ha un carattere non costitutivo di situazioni ma dichiarativo; riconosce i fatti ed il variare dei fatti. Lo *status quo* giuridico con il suo immobilismo non è conciliabile con lo spirito progressista del diritto di Roma.

Questo progressismo è assicurato dalla permanente presenza di un motivo idealistico, cioè del sempre inappagato ideale di *giustizia*, che costituisce l'anima del *Corpus juris*.

La giustizia internazionale non fu intesa dal diritto romano come una semplice conformità a ciò che dispone un trattato di pace, quasi che di ogni trattato di pace si potesse dire ciò che Seneca diceva della legge: «*legem dicimus iusti iniustique regulam esse*»[1].

La posizione va invertita. Il trattato, per essere giusto, dovrà essere secondo giustizia; e non sarà giusto per il solo fatto di essere un trattato. La realtà come realtà non è un valore etico: bensì è eticamente valutabile.

Roma con il suo fine intuito politico e con la sua saggezza giuridica capì che un trattato di pace che miri a togliere o ridurre le essenziali possibilità di vita del vinto, potrà illusoriamente cercar di soddisfare un contingente bisogno di *sicurezza* del vincitore, ma certamente non garantisce una sicurezza stabile e comunque non è conforme al postulato della *giustizia*, che è la stessa *ragione* dei patti, ragione la quale esige che nessuna delle parti sia posta in condizione tale da non poter soddisfare alle sue obbligazioni. La pre-

---

[1] Sen., *De beneficiis*, IV, 12, 1.

sunta sicurezza che non rispetta la giustizia diventa causa di insicurezza, e non offre alcuna garanzia di stabilità all'ordine internazionale.

Appunto perchè deve rispettare la giustizia, un trattato di pace dovrà avere una qualità negativa (*alterum non laedere*), e una qualità positiva (*suum cuique tribuere*).

È in ragione di questa giustizia che i trattati hanno forza obbligatoria: ed è appunto per l'esigenza della giustizia che l'obbligatorietà dei trattati non è illimitata, come non è illimitata l'autorità della legge.

L'alto ed eterno principio di Roma, *pacta sunt servanda*, non si può riferire che ai veri patti, cioè a *justa pacta*, vale a dire quegli accordi internazionali che soddisfano a tutte le esigenze richieste per essere *pacta*. Il problema dell'*essere* di un trattato di pace è distinto dal problema della razionalità e quindi dell'obbligatorietà del trattato. La semplice *esistenza* non significa validità. Quando nell'enunciazione dell'assiomatico principio di rispetto dell'obbligatorietà dei patti, si parla di *pacta*, si intende dire *justa pacta*, poichè, se non sono osservate le condizioni di giustizia, il patto non potrà essere patto, ma semplice finzione o imposizione, esteriore forma *legale* senza contenuto di *giustizia*.

La giustizia romana implica un'esigenza di eguaglianza, di proporzione, di compensazione, implica un piano comune su cui l'incontro fra gli uomini sia reso possibile. E qui fu veramente l'«humanitas» di Roma, la sua grandezza vitale e perenne: nell'aver avuto fede negli uomini, nell'averli incontrati, al di sopra del privilegio della razza e del sangue, nell'aver stabilito un rapporto di equità, il «foedus», con chi le era estraneo ed inferiore, nell'aver saputo modellare i suoi ordinamenti sulla realtà mutevole del loro contenuto umano. Nell'aver trovato nella fede in se stessa il coraggio di credere agli altri e di aprirsi ad essi. Così essa potè superare all'interno il contrasto fra ceto senatorio e plebe, e poi il contrasto fra territorio cittadino e province. La vittoria che aveva portato la pace all'interno della città, consoliderà nella pace tutto l'impero.

Aperti all'esperienza del mondo, i Romani non temettero di moltiplicare i contatti cogli uomini, e nel volto degli uomini seppero riconoscere il proprio volto e una comunione di aspirazioni e di diritti. L'identità di natura del genere umano, che la sapienza greca aveva sfiorato nella sua speculazione, i Romani sperimentarono nel contatto quotidiano cogli uomini, nell'accorto esercizio del governo ed ebbero il coraggio di farne base della loro azione politica, praticamente elaborando quel concetto di un «ius natura humani generis proprium», che, sviluppatosi poi nell'«ius gentium», avvierà la trasformazione dei

71

rapporti internazionali da rapporti di forza a rapporti di diritto e di giustizia.

La città che aveva posto alla sua base non il privilegio del sangue, ma la generosità coraggiosa dell'*asylum*, allargherà il suo imperio, su un popolo fedele di liberi, non su una plebe di schiavi. E perciò conoscerà la pace.

In Roma la giustizia si attuò nella trasformazione della forza in ragione, garantita da una concreta volontà, che si impersonava nell'autorità. E l'autorità stessa, non esaurendosi nelle singole istituzioni che di volta in volta la incarnarono, richiedeva ai cittadini uno sforzo continuo di astrazione, un primitivo slancio di misticismo sociale.

Ma il volto della pace romana non si lascia cogliere appieno da nessuno schema teorico, poichè non si identifica in una istituzione, o in un complesso di istituzioni, ma piuttosto in uno stato d'animo, in una umana solidarietà, in una umana fede. «Due cose, dirà S. Agostino[1], spinsero i Romani ad operare cose ammirevoli; la libertà e l'amore della gloria umana». Ma Roma anche quando si pone come il fine più alto, non riassorbe in sè ogni finalità. Di qui l'inquietudine caratteristica dei suoi spiriti più alti che sentono

---

[1] S. AGOST., *De Civ. Dei*, V, 18.

l'ansia del limite e la profondità misteriosa dell'assoluto. Nel *Somnium Scipionis*, là dove si intesse l'elogio più alto della patria e di quelli che, morti per essa, godono una ricompensa eterna ed infinita, Scipione stesso fa sentire che pure la patria terrena «parva visa est»[1]. Questo senso di insufficienza, questa amarezza del limite sono la sostanza più viva dell'umanità di Roma, stimolo di meditazione sul piano spirituale; e sul piano politico stimolo continuo di perfezionamento, di trasformazione, di progresso sociale.

Il diritto internazionale di Roma non si cristallizza in forme rigide, poichè Roma ebbe un profondo senso della storia, una chiara coscienza di tutto ciò che vi può essere di contingente nei fatti degli uomini per cui gli stessi trattati di pace sono costellazioni che non hanno nè luminosità, nè durata uguale: si spengono più facilmente quando minore è la luce della razionalità interiore che li vivifica. Cioè la giustizia non si *identifica* con la legalità, come l'ideale non si identifica con il reale; il diritto naturale ispira il diritto positivo ma non si identifica e risolve integralmente in esso.

Infatti, la storia è caratterizzata dal suo procedere per antinomie, per contrasti fra giusto ed ingiusto, vero e falso, diritto ed arbitrio. Da que-

---

[1] Cic., *De Rep.* VI, 16.

sto punto di vista si può dire che nessuna volontà realizza interamente il suo obiettivo, e che la vita è lotta, e che la causa della lotta è nel dualismo della natura umana. Nella concretezza non v'è la realizzazione assoluta e integrale di un vero o di un giusto, perchè la storia non è assolutezza, ma contrasto, e, appunto perchè contrasto, affermazione non mai assoluta dell'ideale il quale è però sempre il motore della storia poichè fa dell'uomo un essere inappagato e della critica un fattore di progresso. Questo è il segreto dell'*jus naturae* di Roma che si avvicinò talmente all'*jus gentium* da indurre qualche romanista a identificare le due nozioni e a ravvisare nell'*jus gentium* la più vasta e concreta realizzazione dell'*jus naturae.*

Faticosamente conquistata l'armonia civile, nel superamento dei punti di vista antitetici, la politica estera dei Romani seppe portare il frutto della loro esperienza nei rapporti con i federati, i soci, gli alleati. Coloro che Roma aveva vinto potevano conservare la libera autonomia della lingua, della religione, del costume, della privata proprietà e gradualmente assimilare ciò che di universalmente umano veniva loro offerto nell'esempio della città sovrana. Essi sapevano che la loro inferiorità politica non era destinata a perpetuarsi, che sarebbero stati fatti partecipi non solo di oneri, ma anche di onori; che la graduale esperienza di una comune responsabilità si sarebbe trasformata in una libertà, non donata, ma consapevolmente conquistata. La politica estera di Roma è tutta improntata a questa graduale esperienza di responsabilità, e per ciò stesso di libertà: è un graduale allargarsi e dilatarsi, un movimento di espansione dinamica, un continuo superamento.

I Romani seppero far proprio l'insegnamento che Tucidide aveva messo sulla bocca degli ambasciatori spartani[1]: «Le grandi inimicizie secondo noi non si placano durevolmente quando un popolo, per spirito di vendetta, stringendo il nemico – sotto il peso di vittorie decisive – nella morsa di giuramenti imposti, ne suggelli con un trattato la soggezione; sì bene quando – ove un accordo equo possa essere raggiunto – conclude un patto inaspettatamente moderato, riportando sull'avversario una seconda vittoria con la sua magnanimità. Perchè quando l'avversario non ha da rivalersi di una violenza – continua sempre lo storico – ma da ricambiare una generosità, è più pronto per sentimento d'onore, ad osservare i patti. E con più slancio gli uomini sono così disposti verso coloro con cui l'inimicizia era più grande, che non verso quelli con cui avevano mantenuto rapporti normali; poichè è loro naturale impulso, con chi cede, cedere a loro volta

---

[1] Tuc., l. IV, 19.

con piacere: di fronte all'orgoglio superbo sfidare il rischio disperatamente».

L'editto di Caracalla, nel 212, segnerà il culmine dello sforzo fatto dall'antichità per organizzare la pace; chè infatti, se tutti i grandi imperi antichi mirarono a raccogliere i popoli sotto una dominazione universale, si trattava sempre di subordinazione o peggio di sommissione, mai di una coordinazione di eguali. Tentare questa nuova via, rimase gloria della pace di Roma.

Ma quando l'orgoglio del «civis romanus» si dilatò e si purificò nella coscienza della comune umanità, quando le due repubbliche di cui aveva parlato Seneca «l'una grande, che appartiene realmente a tutti e racchiude gli Dei e gli uomini... l'altra alla quale ci ha assegnato la nostra nascita» [1], si trovarono a coincidere, Roma ebbe esaurito la sua missione. Sentì di non poter andare oltre e sentì lo sgomento di questo non poter andare oltre. Ne possiamo trovare un'eco in Tacito, che si chiede smarrito che cosa potrà avvenire quando Roma più non sarà: «Quando i Romani, che il cielo non voglia, fossero cacciati – dice Tacito – che altro resterebbe nel mondo, se non una guerra universale? Con la fortuna e la disciplina di ottocento anni crebbe la saldezza di questa va-

---

[1] Sen., *Dial.*, VIII, 4, 1.

sta mole, che non potrà essere schiantata senza la rovina di coloro stessi che la schianteranno»[1].

L'altissima idea di giustizia a cui Roma era pervenuta rimaneva muta di fronte agli interrogativi del futuro; la pace che Roma aveva donato al mondo non poteva pacificare e colmare il cuore dell'uomo (basterebbe pensare alla superba tristezza di un Marco Aurelio). Allora, nella maturità dei tempi, fu il Cristianesimo che – come dice un giurista del tempo nostro – venne a portare più innanzi questa umanità ferma, e quasi ipnotizzata, sulla immobile linea della giustizia romana[2]; fu il Cristianesimo che venne a rafforzare negli spiriti la coscienza dell'obbligazione morale dando vita al nuovo diritto delle genti fondato su una nuova e più vasta concezione della fraternità dei popoli, e su una categorica subordinazione del diritto al dovere, della norma giuridica alla norma morale. Questo spirito nuovo dell'*jus gentium* farà meglio comprendere che ogni offesa dei diritti naturali dei popoli porta con sè una permanente minaccia della sicurezza e della stabilità delle ordinate relazioni fra i popoli. Ed è nello spirito di questa pace che una delle figure più alte del pensiero cristiano antico

---

[1] TAC., *Hist.*, IV, 74, 3.
[2] G. CAPOGRASSI, *Saggio sullo Stato*, Torino, Bocca, 1918, p. 207.

poteva dire: «Il territorio che ti fu sottomesso con le armi, o Roma, è meno vasto di quello sul quale la pace cristiana ti ha fatto regnare»[1].

Ma, pur nel fermento di questi nuovi valori morali, l'antitesi fra lo spirito della pace cartaginese e lo spirito della pace romana si tradusse nei secoli come antitesi non solo fra due ordini di realtà storiche, ma anche fra due categorie ideali: la pace della forza e la pace del diritto, la pace della vendetta e la pace della conciliazione, la pace dell'imposizione e la pace del consenso.

Alla scuola della storia di Roma che è la nostra storia, noi italiani che stiamo penosamente percorrendo le tappe della nostra Via Crucis, dobbiamo anche oggi saper dire al mondo ciò che recentemente disse un grande italiano: «I trattati non negoziati o si respingono, o si subiscono senza discuterli», come si subisce un sopruso. Ma nel contempo, la nostra coscienza morale e giuridica avverte che le paci coatte non sono paci, che paci non sono quelle che staccano dalla nostra famiglia i fratelli nostri lacerando il corpo e quindi pure il cuore della patria, e che non vi può essere domani per la fraternità dei popoli senza il rispetto del diritto naturale delle genti il cui misconoscimento costò la vita a Cartagine, la cui esaltazione costruì la gloria di Roma.

_____

[1] S. Leone Magno, *Serm.* 82.

LUIGI LORETO

L'inesistente pace cartaginese

"Carthaginian peace" chiamava nel maggio 1945 l'allora appena nominato vice-governatore del settore americano (e poi dal '47 al '49 titolare), tenente generale Lucius D. Clay (1897-1978) – militare "intellettuale" ed anticonformista[1] –, il contenuto della famosa direttiva JCS/1067 riportante le linee politiche di guida sul trattamento della Germania occupata[2]. Pur se già assai lontane dall'idea (ché di "piano" – è oggi noto – non si può parlare) del segretario di stato Henry Morgenthau – la totale riduzione del paese ad una economia di mera sussistenza

---

[1] Cfr. W. KRIEGER, *General Lucius D. Clay und die amerikanische Deutschland-Politik 1945-1949*, Stuttgart 1987, 57-58. Militare di professione, figlio di un avvocato e poi senatore, Clay si era formato a West Point negli anni '10, acquisendo la fama di avere maniere da "bolscevico", e vi aveva poi insegnato dal 1924 al 1928. Clay fu il padre del ponte aereo di Berlino del 1948-9.
[2] Lo ricorda ora G. GILLESEN, *Zwischen Morgenthau und Eingliederung*, FAZ 23.5.1995, 8; si veda sempre L. D. CLAY, *Decision in Germany*, Garden City, New York 1950, 17-19.

agricola[3] – queste erano di tenore ancora durissi-
mo[4]. Negli stessi giorni, significativamente,
Harry Hopkins – dopo la morte di Roosevelt ancora attivo come consigliere personale di Tru-
man –, sorvolando in aereo da Parigi a Mosca il
paesaggio di rovine della Germania, commentava
«Questa è una seconda Cartagine»[5].

Clay non traeva dal nulla la sua espressione.
Al contrario il suo impiego intendeva richiamare
gli spietati termini punitivi della pace di Versailles del 1919.

Come *a Carthaginian peace* questa era infatti
stata classificata da J. Maynard Keynes nel suo
famoso libro – un vero e proprio *instant book* –
del dicembre '19, *The Economic Consequences of
Peace*[6] [= ECP], che ne aveva ad oggetto la più
dura, radicale critica, specie nei caratteri impres-
sile da G. Clemenceau[7] – un oltraggio a «…justi-

---

[3] Cfr. W. KRIEGER, *Die amerikanische Deutschlandplanung.
Hypotheken und Chanchen für einen Neuanfang*, in H.-E.
Volkmann Hg., *Ende des Dritten Reichs - Ende des Zweiten
Weltkriegs. Eine perspektivische Rückschau*, München-Zürich
1995, 27 ss.

[4] Cfr. KRIEGER, *op. cit.*, 35.

[5] Lo ricorda R. STEININGER, *Deutschland seit 1945*, I, *1945-
1947*, Frankfurt/M. 1996, 38.

[6] Ora in *The Collected Writings of John Maynard Keynes*,
II/1, London and Basingstoke 1971.

[7] Cfr. ECP, 22-23; 35; 95.

ce, mercy, and wisdom...»[8], come l'avrebbe bollata in un'altra occasione. Una pace illegittima, materialmente irrealizzabile nelle imposizioni economiche alla Germania, foriera di un ulteriore scompaginamento della «...delicate, complicated organization, already shaken and broken by war, through which alone the European peoples can employ themselves and live» (ECP, 1), di un «...long, silent process of semi-starvation, and of a gradual, steady lowering of the standards of life and comfort. The bankruptcy and decline of Europe...»[9], con la previsione di una «...final civil war between the forces of reaction and the despairing convulsions of revolutions...»[10] – Ernst Nolte, notiamo incidentalmente, non ha inventato nulla.

La definizione come *pace cartaginese* di quella di Versailles sarebbe divenuta corrente negli anni del primo dopoguerra, come mostra, esempio per tutti, l'impiego da parte di Churchill nel suo *The World Crisis*[11]. Né ciò sorprende se si pone

---

[8] J. M. KEYNES, *A Revision of the Treaty*, London 1922, 168; cfr. ECP, 142.

[9] ECP, 188; cfr. anche 143; 144; gioverà ricordare come argomenti analoghi fossero poi quelli sempre più fortemente avanzati a favore della ricostruzione tedesca dal 1946 in poi.

[10] ECP, 170.

[11] Cfr. W. CHURCHILL, *Crisi mondiale e grande guerra, 1911-1922*, trad. id. Milano 1968 (London 1929-1931), IV, 148.

mente oltre che all'impatto del saggio keynesiano a come l'analogia punica e romana – in termini continuamente scambievoli – fosse stata uno dei *Leitfaden* del modo di pensare storicamente il presente, cioè il conflitto anglo-tedesco, durante la Grande guerra, e già prima. Oltre al caso emblematico degli scritti di Ed. Meyer e di U. Wilamowitz, in cui Cartagine – secondo una analogia condivisa anche ad es. da Falkenhayn, che soleva chiamare quella in corso la prima delle nostre guerre puniche – era all'inizio della guerra l'Inghilterra per divenire poi nel 1918, come monito a non subirne la stessa sorte[12], la Germania, può qui giovare ricordarne qualcun altro – oggi meno noto e parimenti significativo – del periodo pre-guerra.

Un editoriale – scritto da una insolita penna, quella dell'americano Frank Harris, meglio noto che come giornalista politico quale amico e poi biografo di Oscar Wilde – della *Saturday Review*, datata Sept. 11, 1897[13], in occasione della Tirpitz-Novelle sì ma già ancora qualche anno pri-

---

[12] Si veda M. CAGNETTA in questo volume, p. 29 nt 22; cui *adde* L. LORETO, *Pais e l'idea di Cartagine tra analogia storica, concezione razziale della storia e geopolitica*, in L. Polverini ed., *La storiografia di Ettore Pais*, in stampa, in cui il richiamo a due successive letture cartaginesi di Meyer, la seconda, della metà dell'ottobre 1919, dunque di nuovo vicina a Versailles, in sintonia con Wilamowitz e opposta alla prima.

[13] Per il contesto storico A. J. MARDER, *The Anatomy of British Sea Power. A History of British Naval Policy in the pre-*

ma dell'inizio vero e proprio della rivalità navale anglo-tedesca, titolava *Germaniam esse delendam!* La Germania è dunque Cartagine, Catone, per la cronaca, Cecil Rhodes che aveva da poco acquistato un consistente pacchetto azionario della testata. E – nonostante la scarsa reazione immediata – l'articolo sarebbe rimasto tanto impresso nella coscienza dell'intellettualità tedesca da poter essere ancora ricordato senza avvertire il bisogno di alcuna citazione specifica, dunque dandolo per notorio, non solo in una *Kriegsschrift* d'autore del 1915 ma ancora in almeno due altre nella Seconda guerra mondiale[14]. Mentre Tirpitz stesso, retrospettivamente, nelle *Lebenserinnerungen* del 1919[15] avrebbe ugualmente, con una sua verosimile reminiscenza, parlato della Germania tardo-guglielmina come di una nuova Cartagine.

Di contro, secondo un costante e tipico capovolgimento di ruoli identificativi, poco più di un anno dopo l'organo dell'Alldeutsche Verband,

---

Dreadnought Era, New York 1940, 290-301; A. S. JERUSSALIMSKI, *Die Aussenpolitik und die Diplomatie des deutschen Imperialismus. Ende des 19. Jahrhunderts*, dt. Übers. Berlin 1954, 410.

[14] La prima è di O. HINTZE, *Deutschland und das Weltstaatensystem*, in AA. Vv., *Deutschland und der Weltkrieg*, Leipzig u. Berlin 1915, 43. Le altre due – la prima almeno di uno storico ugualmente di razza – di A. REIN, *Warum führt England Krieg?*, Berlin 1940, 35; G. WIRSING, *Das Zeitalter des Ikaros. Von Gesetz und Grenzen unseres Jahrhunderts*, Jena 1944, 97.

[15] Leipzig, 142.

lo *Alldeutsche Blätter* del 18. Dez. 1898, nr. 51, osservava che l'Inghilterra era *ein modernes Karthago*; mentre, della medesima opinione quanto alla identificazione analogica – meno, evidentemente, quanto alla sua ragione –, nel 1911 Sir Arthur Conan Doyle pubblicava una *short story* ambientata nella Cartagine del 146 a. C., *The Last Galley*, premettendole il motto – nel caso ci fossero dubbi – «Mutato nomine, de te, Britannia, fabula narratur».

2. Né il proconsole americano Clay era il solo a ricordarsi della *pace cartaginese* keynesiana; e certo non per un caso, ma proprio perché la conclusione della guerra risvegliava il non lontanissimo ricordo dei problemi della pace precedente.

Pochi mesi dopo la sua osservazione usciva infatti, per i tipi della Oxford University Press, un libro dell'economista (anglo-)francese Étienne Mantoux, figlio, non a caso, di Paul, il giusinternazionalista che era stato tra i negoziatori di Versailles. Scritto, grazie ad una Rockfeller Fellowship all'Institute of Advanced Studies di Princeton, tra il luglio 1941 e l'inizio del 1943, prefato luglio 1944, il libro – che il giovane autore, ufficiale di collegamento nella divisione Leclerc, caduto in combattimento il 29 aprile del '45, non avrebbe fatto in tempo a vedere stampato – portava il titolo *The Carthaginian Peace or the Economic Consequences of Mr. Keynes* (London-New York-Toronto 1946).

Ai nostri fini è sufficiente ricordare che si tratta, a sua volta, di una disanima programmaticamente polemica, in funzione dichiaratamente prospettiva (pp. xv-xvii) – ma anche tanto sostanzialmente erronea quanto palesemente sofferente di un condizionamento emotivo –, della tesi keynesiana, per sostenere legittimità ed applicabilità della pace del '19 e negarne la responsabilità storica nello scoppio della Seconda guerra mondiale.

Keynes non definisce la dimensione formale della categoria[16], che impiega sempre e solo intuitivamente a contrassegnare, come emerge per relazione alla sua analisi, antonomasticamente un tipo di pace imposta, dai termini di intollerabile severità e durezza, preventiva[17], punitiva e vendicativa[18] – nel caso di specie perseguente in modo deliberato la rovina economica e l'asservimento di fatto della Germania.

---

[16] Egli mostra chiaramente, nell'uso referenziale che ne fa, di impiegare quella di *pace cartaginese* non come una analogia concreta ma di assumerla a categoria astratta ermeneutica, salvo appunto non definirla formalmente in modo espresso e salvo rimanere il problema degli elementi genetici nella storia del suo pensiero, su cui verremo tra breve.

[17] Cfr. soprattutto ECP, 22.

[18] Cfr. ad es. ECP, 22; 35; 142 a proposito di Versailles, e soprattutto 94, dove l'obiettivo della pace perseguito da Clemenceau è «...to weaken and destroy Germany in every possible way», tanto più significativamente per ricostruire i termini della sua categoria in quanto subito oltre gli «...essential requirements of a Carthaginian peace», p. 95, vengono postulati per relazione a tale obiettivo.

L'economista inglese non indica neanche da dove ritraesse l'espressione e quale paradigma storico antico concreto avesse in mente. Proprio Mantoux pare rendersi conto di questo secondo aspetto del problema quando si pone la questione se fosse una *pace cartaginese* la distruzione della città nel 146 a. C. o il trattato del 201. E in questi due riconoscendo dunque il referente storico pre-supposto da Keynes. Salvo negare una raffronta-bilità del primo con quella del 1919, contrasse-gnare quello del 201 quindi come «...the first Carthaginian Peace» – la seconda essendo appun-to quella del 1919 [19] – e poi richiamare l'autorità di Mommsen – che viene *in primis* fondata sulla sua nazionalità e sull'accreditamento di un pan-germanesimo a dir poco improbabile – per conte-starne un carattere sopraffattivo e dunque confu-tare anche sul piano storico Keynes [20]. E può esse-re interessante ricordare come, a lui ignoto, pure Liddell Hart, nel famoso studio scipioniano del 1926, fosse, espressamente contrapponendo 202 (*sic*) e 1919, del medesimo avviso [21].

---

[19] MANTOUX, *op. cit.*, 179.

[20] *Ib.* Il luogo di Mommsen, la cui citazione in inglese è te-stuale ma senza referenza, è naturalmente *Römische Geschi-chte*, Berlin, I, 1881[7], 658.

[21] Vd. ora B. BOND, *Liddell Hart. A Study of his Military Thought*, London 1991[2], 44-45.

3. Sia in Keynes che in Clay e Mantoux l'espressione ha comunque un significato oggettivo, la pace è cioè quella imposta *a* Cartagine. Nello scritto di Gonella, che qui ripubblichiamo, invece ha valenza soggettiva, definisce cioè la morfologia astratta delle paci concluse *da* Cartagine con i suoi nemici, non *una specifica* avente Cartagine ad oggetto.

Tale *pace cartaginese* gonelliana – la precisazione dei cui caratteri segue nel discorso una sorta di crescendo sulla stessa nota, che qui converrà per comodità espositiva capovolgere – è una «pace della forza...della vendetta...dell'imposizione», dai termini – come vedremo – di impossibile ottemperanza, fondata sul «misconoscimento» del «diritto delle genti». La «tendenza» di Cartagine è di «...fare del vinto un sottomesso...»; quella cartaginese, «...storicamente e teoricamente in netta antitesi con la pace romana», è caratterizzata da «...assoluta insensibilità di ogni esigenza del *consenso* da parte del vinto. Cartagine, schiacciando il vinto, volle non comprendere che non vi è possibilità di pace fra le genti senza il consenso, senza l'accordo» (cors. di G. G.), essa è semplicemente «...un atto di violenza del vincitore sul vinto...», «...una *sentenza* del vincitore che condanna il vinto, pur ammettendo che la forma sia apparentemente contrattuale. Ogni patto finisce così per essere una finzione nei confronti del vinto, poiché la "ratio" del patto viene posta nel diritto della vittoria, cioè nel diritto del più forte che condanna il vinto» (cors. di G. G.). In generale viene sottolineata l'illiceità morale e la «...inumanità del patto cartaginese» fondato non «su relazioni di *giustizia* ma su rapporti di *potenza*» (corss. di G. G.). Il tutto estrinsecazione storico-universalmente necessaria del carattere di «...mondo chiuso, negato all'umanità della pace [*scil.* come condizione]...» di Cartagine.

Un fatto, a questo punto, si impone all'attenzione. Se l'economista inglese non formalizzava la categoria e non indicava nemmeno da dove la traesse ancor meno – nella sua accezione – lo faceva il Ministro P.I. italiano. Questi, a ben vedere, parla di *pace cartaginese* – a differenza di Keynes, assumendola anche espressamente come una precisa entità storica, ossia come il modo, assunto a tipo, di Cartagine di fare e amministrare una pace – senza mai menzionarne – men che mai addurre come esempio – una specifica!

Tali omissioni in entrambi non sono un caso. Inutilmente si cercherà infatti un equivalente antico dell'espressione *pace cartaginese*, ad es. *Pax Punica* o *eirene ton Karchedonion*, in qualsivoglia accezione, keynesiana o gonelliana. Semplicemente non esiste. Solo una volta – con quella che per il suo carattere non costituisce neanche una eccezione – Livio[22] chiama quella del 201 *Pax Punica*, ma in senso puramente denotativo, senza cioè attribuire all'espressione altro significato che quello di pace conclusa con Cartagine.

Ma ancor meno esiste una concettualizzazione storica antica assimilabile a quella di Keynes/Mantoux o di Gonella, da cui cioè questi potessero aver in qualche modo tratto – direttamente o, più plausibilmente, attraverso una mediazione storiografica moderna – la propria e di lì coniato autonomamente – senza rendersene conto, immaginandosela come antica – l'espressione.

Che la accezione di Keynes/Mantoux sia estranea al mondo antico non sorprende, solo a sovvenirsi di quanto storiografia dei vincitori sia quella pervenutaci. Il pensiero storico antiromano, quello dei famosi *levissimi ex Graeci*, da Timagene a (forse) Trogo (escludendo però Flegonte), e più in generale quella che H. Fuchs chiamava il *geistiger Widerstand* a Roma [23], doveva essere probabilmente più presente a quello ufficiale – del "principe" come direbbe Georges

---

[22] Liv. 31, 1, 6; 31, 1, 9.

[23] Basti il rinvio a P. Treves, *Il mito di Alessandro e la Roma di Augusto*, Milano-Napoli 1953, soprattutto 13-38; 58-80; J.-L. Ferrary, *Philhellénisme et impérialisme. Aspects idéologiques de la conquête romaine du monde hellénistique*, Rome 1988, 223-264.

Lefebvre –, ad es. allo stesso Livio[24], di quanto di solito si ritenga; ed è possibile che esso presupponesse la pace del 201 come una di sopraffazione, ma in ogni caso non ne è rimasto nulla. Mentre è sintomatico come perfino Annibale – che con quel pensiero storico intratteneva rapporti in più sensi[25] –, al contrario, almeno nella congiuntura politica, ritenesse accettabili i termini di quel trattato di pace[26]. Tanto più vistoso è dunque l'autoschediasmo keynesiano.

Ugualmente rispetto all'accezione gonelliana va osservato come non solo la *pace cartaginese* quale concetto storiografico non esiste ma anche che sarebbe priva di qualsiasi legittimità come costruzione storica moderna. Anche a non voler seguire infatti il modello minimalista dell'imperialismo cartaginese avanzato da Whittaker[27] le paci storicamente concluse da Cartagine con i

---

[24] Un es. in L. LORETO, *Per una "Quellenforschung" della pax caudina*, in BIDR 92-93, 1990-1991, 664-665.

[25] Cfr. S. MAZZARINO, *Il pensiero storico classico*, Roma-Bari 1966, II, 1, 155 ss.

[26] Cfr. POLYB. 15, 19, 2-3; LIV. 30, 37, 7-10; APP. *Lib.* 55, 239-242 diverso nel resoconto ma non quanto alla posizione complessiva. Non molto in J. SEIBERT, *Hannibal,* Darmstadt 1993, 474.

[27] Cfr. C. R. WHITTAKER, *Carthaginian Imperialism in the Fifth and Fourth Centuries,* in D. A. Garnsey-C. R. Whittaker eds., *Imperialism in the Ancient World*, Cambridge 1978, 59-90.

Greci di Sicilia furono per la più gran parte di compromesso, tutte comunque negoziali, mai imposte[28], e talvolta anzi – come nel trattato del 405/4 – contemplanti addirittura specifiche clausole di garanzia della identità nazionale per le comunità greche che in seguito ad esse venivano incorporate nell'eparchia punica[29]. E come tali – cosa che qui più conta – queste paci erano consapevolmente percepite dalla storiografia greca. Anzi, espressamente, in qualche caso si parla di *pax aequis condicionibus*[30].

Che le guerre punico-siceliote di V e IV sec. siano lette dalla propaganda[31], e quindi dalla storiografia, greca secondo un *Leitmotiv* di contrapposizione inevitabile tra servitù e libertà, *douleia* e *eleutheria*, rispettivamente ad es. come esito temuto da Pindaro[32], l'una, e come slogan di Dionisio I[33], l'altra, è ciò che più vi si può avvicinare ma è anche cosa, evidentemente, assai diversa da

---

[28] Si veda ad es. S. MAZZARINO, *Introduzione alle guerre puniche*, Catania 1947, 30-34; 43; 47; 49-50.

[29] Cfr. MAZZARINO, *op. cit.*, 33-34.

[30] Quella tra i Cartaginesi e Ierone di ca. il 274 secondo Trogo, cfr. IUST. 23, 3, 10.

[31] Per la continuità del motivo MAZZARINO, *op. cit.*, 53, particolarmente acuto il richiamo di Teocrito a p. 52; WHITTAKER, *op. cit.*, 61.

[32] Cfr. PIND. *Pith.* I 73.

[33] Cfr. DIOD. 14, 46, 5.

un concetto, assunto come tecnico e tipico, di pace imposta e punitiva.

E di ciò, in ogni caso, era ben consapevole, sia pure in generale, anche proprio chi, come De Sanctis[34], doveva essere tra i referenti più immediati di Gonella.

La *pace cartaginese* è dunque, in tutti i sensi, una invenzione moderna. E non come originaria interpretazione storica ma come semplice risultato – nei due casi diverso – di un equivoco. Come tale appartiene ad una collezione in cui fa buona compagnia alla "vittoria di Pirro"[35] e alla storia delle rovine di Cartagine fatte cospargere di sale dall'Emiliano[36] – e vien fatto notare come Carta-

---

[34] Cfr. G. DE SANCTIS, *Storia dei Romani*, Firenze 1967[2], II, 1, 41. È parimenti interessante come meno che mai Gonella tenga conto di un trattato – quello di M. CANAVESI [M. A. Levi], *La politica estera di Roma antica*, Milano 1942 – che, per la sua sede di pubblicazione – la collana dei "Manuali di politica internazionale" dell'ISPI –, difficilmente poteva non essergli noto, e dove infatti addirittura si nega a Cartagine qualsiasi carattere di imperialismo territoriale, cfr. *op. cit.*, I, 218-223, soprattutto 219.

[35] Per la quale ad es. P. R. FRANKE, *Pyrrhus*, in CAH VII, 2[2], 1989, 468; anche P. LÉVÊQUE, *Pyrrhos*, Paris 1957, 333; ma una storia della genesi dell'immagine manca.

[36] Cfr. R. T. RIDLEY, *To Be Taken with a Pinch of Salt: The Destruction of Carthage*, ClPh 81, 1986, 140-146; S. T. STEVENS, *A Legend of the Destruction of Carthage*, ClPh 83, 1988, 39-41; P. VISONÀ, *Passing the Salt: On the Destruction of Carthage Again*, *ib.* 41-42; B. H. WARMINGTON, *The Destruction of Carthage: A Retractatio*, *ib.* 308-310.

gine paia prestarsi particolarmente a queste vicende pseudostoriografiche, probabilmente perché la forza suggestiva della sua storia funziona da catalizzatore.

Dell'invenzione qui in oggetto paternità e data di nascita sono con sicurezza – peculiarità non delle più frequenti – riconducibili allo scritto di Keynes, da cui, attraverso l'erratico modo che diremo, dipende a sua volta Gonella.

4. Se Keynes non ricorda nessun precedente moderno di impiego dell'espressione ma pure la impiega come categoria antonomastica e se specularmente Mantoux nel suo studio di quel saggio a sua volta non ne individua alcuno e pone invece direttamente il problema del precedente storico antico è cogente ritenere appunto da un lato che la paternità sia di Keynes e dall'altro che questi, del pari del suo critico, la considerasse propria del mondo antico. E dal momento che ciò però non è, è palese che siamo di fronte ad un tipico caso di slittamento, di *lapsus* della memoria storica di Keynes – cioè delle sue reminiscenze scolastiche di storia antica, come vedremo subito[37].

---

[37] Si può qui anche ricordare – ai fini di quel capitolo, presumibilmente minore, di storia della storiografia che dovesse intitolarsi "Keynes e il mondo antico" – come non molto giustificata sembri l'altra sua analogia antichista, tra il rapporto Pericle-Atene e quello Clemenceau (sua *bête noire*) - Francia, in ECP, 20.

Una più precisa ipotesi si può infatti forse a-
vanzare in base al semplice fatto che uno dei testi
scolastici di storia romana migliori e più diffusi
nelle *public schools* dell'Inghilterra tardo-vittoria-
na – in quella cioè in cui si era formato l'economista, nato nel 1883 – era lo *Student's Merivale*,
cioè la versione scolastica della grande storia romana di Charles Merivale[38], vero equivalente an-
glosassone della *Geschichte* mommseniana e alla
sua uscita grande *best-* e, poi, *longseller*. E appunto in esso quella del 201 è qualificata come
«an ignominious peace»[39].

Con Gonella l'equivoco è ancora maggiore,
doppio.

L'osservazione del generale Clay, l'intervento
di Mantoux mostrano come l'espressione keyne-

---

[38] La *History of Rome under the Empire*, London 1850-
1862, 7 vols.; 1865², 8 vols. Il primo volume è dedicato alla
storia della tarda repubblica, rispetto ad esso la trattazione
dei primi secoli romani nel manuale scolastico è quindi inno-
vativa.

[39] Ch. MERIVALE, *A General History of Rome from the
Foundation of the City to the Fall of Augustulus, B. C. 753-A.
D. 476*, London 1875; New York 1885, xvi, si tratta – e ciò è
forse ancora più probante in quanto per sua natura meglio
destinato ad imprimersi nella memoria – del sommario che
nella sua analiticità funge da vero compendio di storia romana, mentre alle pagine corrispondenti, 176-177, si ha solo una
esposizione delle clausole. Si ricordi che Merivale è probabilmente il miglior storico romano inglese del secondo XIX sec.

siana fosse rientrata nel corrente linguaggio del dibattito politico internazionale e abbiamo detto come essa fosse *à la mode* in quello degli anni '20; e, più in generale, lo stesso commento di Hopkins indica come il destino ultimo di Cartagine si presentasse come il più spontaneo oggetto di associazione storica. E già solo per questo sarebbe cogente ritenere che Gonella riecheggiasse (o orecchiasse) l'espressione da uno di questi ambiti. Ma la *lignée* keynesiana risulta positivamente provata nel momento in cui Gonella intende, almeno in due occasioni, la sua *pace cartaginese* non solo come moralmente illecita ma come estranea «...ad ogni esigenza...di possibilità di esecuzione pratica», argomentando che la sua «inumanità» si risolve in una «impossibilità di esecuzione». E questo era appunto l'elemento cardine – e maggiormente tipicizzante rispetto a quello della immoralità – del saggio keynesiano, come l'oggetto principale della refutazione di Mantoux. E anche la osservazione che Roma all'opposto comprese che un trattato di pace che «...miri a...ridurre le essenziali possibilità di vita del vinto...» è insensato ripete uno dei *Leitmotive* della critica keynesiana alla pace voluta da Clemenceau.

Rimane solo incerto se Gonella *ex se*, in occasione della sua riflessione, si sovvenisse di quel saggio di quasi trent'anni prima, oppure – come ci sembra più verosimile, anche in considerazione della sua specifica attenzione alla politica internazionale contemporanea – se tale ricordo fosse stimolato ad es. dalla discussione suscitata dal libro di Mantoux in circolazione ormai da un anno; anche se una conoscenza diretta di esso – o, meglio, almeno una sua attenta e completa lettura – è, evidentemente, da escludere, la suggestione del titolo era più che sufficiente. Il fantasma di Cartagine, in ogni caso, si agitava tra le rovine d'Europa.

L'occasione in cui Gonella si può essere imbattuto nel saggio di Keynes[40] – che difficilmente poteva aver letto al momento della sua uscita per ovvie ragioni cronologiche, essendo nato nel 1905 – è forse da riconoscere nella stesura nei primissimi anni '40 durante il suo esilio vaticano[41] – mentre era corsivista, fino al '43, della rubrica di politica estera, gli *Acta Diurna*, dell'*Osservatore ro-*

---

[40] Di esso era uscita una traduzione italiana (*Le conseguenze economiche della pace*), promossa da V. Giuffrida, per i tipi milanesi di Treves nella seconda metà del 1920; ed è più probabilmente questa che Gonella ebbe in mano. Diamo pertanto di seguito la concordanza con le principali pagine di ECP sopra ricordate: ECP, 1=trad. it. 2; 22=31-2; 35=48; 94-5=136; 170=246; 188=272.

[41] Gonella arrestato nel 1939 e liberato per intervento della S. Sede visse da quell'anno al 1945 nella Città del Vaticano, cfr. M. Ben[discioli], *s. v. Gonella, Guido*, EI, App. II, 1948, 1071 – l'unica sua nota biografica notaci.

mano – del suo libro dal titolo *Presupposti di un ordine internazionale*, uscito nel 1943, che rieccheggia a sua volta in qualche modo, terminologicamente, il Carl Schmitt giusinternazionalista degli ultimi anni '30[42].

Gonella era laureato in giurisprudenza, libero docente di filosofia del diritto dal 1935 e incari-

---

[42] È verosimile – come anche ci suggerisce C. Grottanelli – una qualche conoscenza del pensiero di Schmitt attraverso la mediazione cantimoriana; per i rapporti di Cantimori con la cultura tedesca coeva per tutti E. COLLOTTI, *Gli scritti di Cantimori sulla crisi tedesca,* in *StStor* 34, 1993, 811-818; J. PETERSEN, *Cantimori e la Germania, ib.,* 819-825. D'altro canto la dottrina giusinternazionalista di Schmitt era stata discussa e sostanzialmente respinta – ñonostante (o forse proprio per) la sua appartenenza alla corrente tedesca cattolico-conservatrice cosiddetta dei *Reichstheologen* (dove, si ricordi, *Reich* sta per impero nel senso medievale tedesco del termine) – dagli ambienti gesuitici italiani nei primissimi anni '40, in particolare in una serie di articoli di A. Messineo, S. J. sulla *Civiltà cattolica,* cfr. M. SCHMOECKEL, *Die Großraumtheorie. Ein Beitrag zur Geschichte der Völkerrechtswissenschaft im Dritten Reich, insbesondere der Kriegszeit,* Berlin 1994, 244-5; quindi penseremmo per Gonella – senza necessariamente escludere quello cantimoriano – piuttosto a questo veicolo di mediazione, in quanto più tecnico e a lui più specificamente vicino. Va da sé che l'antihegeliano (e mediocre) giusnaturalista Gonella non poteva che risentire solo terminologicamente della raffinatissima statolatria di Schmitt. In generale per l'influsso di questi sulla cultura giuridica italiana nel suo complesso un primo approfondimento in I. STAFF, *Staatsdenken im Italien des 20. Jahrhunderts. Ein Beitrag zur Carl Schmitt-Rezeption,* Baden-Baden 1991.

cato della materia nelle Università prima di Pavia e poi di Bari; il suo approccio al mondo antico era dunque da profano e, al massimo, mediato dalla giusromanistica, di cui qualche traccia nello scritto in oggetto emerge a proposito della pace romana, restituendo peraltro una impressione di reminiscenza lontana e quindi di frequentazione superficiale, difficilmente altro che scolastica, della materia. D'altro canto, nato, come detto, nel 1905, era intellettualmente cresciuto sotto l'amplificazione retorica romana del fascismo – rispetto al che le sue posizioni politiche (originariamente) di (moderata) opposizione[43] poco o nulla potevano funzionare da immunizzazione –, cui, negli anni a partire dalle sanzioni e soprattutto dalle leggi razziali, si era aggiunto un capitolo, sempre più accentuato, anti-cartaginese in funzione analogica anti-inglese – oltre che conseguenza di un approssimativo e sopravvenuto antisemitismo – il cui *clou* è nello scritto di Ettore Pais *Imperialismo romano e imperialismo britannico* del 1938[44]. La larga diffusione del volume

---

[43] Per il suo antifascismo moderato, vd. il saggio di M. Cagnetta in questo volume, p. 15-16.

[44] In E. PAIS, *Roma dall'antico al nuovo impero*, Milano 1938, 425-440, soprattutto 430-431; 435, che andò subito esaurito uscendo in seconda ed. l'anno dopo, e per il quale LORETO, *Pais*, cit.; richiamiamo qui quanto da noi lì mostra-

paisiano e la circostanza che esso contiene un altro saggio dal titolo *Pax romana*[45], con il quale, ugualmente, la interpretazione romana di Gonella presenta più punti di contatto – come il *Leitmotiv* del rispetto romano per il vinto –, anzi rendono non inverosimile una conoscenza diretta da parte sua.

A chi dunque mancasse, da un lato, di ogni specifica sensibilità antichistica già solo per sospettare – lasciamo stare per riconoscere – la non sussistenza storica, a nessun livello, del concetto di *pace cartaginese* e, dall'altro, fosse automaticamente portato per condizionamento culturale generale ad idealizzare Roma – e qui poco importa l'altrimenti rilevante fatto che la *auxesis* romana del 1947 non è più quella del Ventennio – e a deprimere Cartagine risultava un processo logico spontaneo ed immediato attribuire un significato non oggettivo ma soggettivo a quel concetto negativamente connotato.

---

to, cioè che la trattazione di Cartagine nella storiografia precedente, specie in De Sanctis ma anche proprio nello stesso Pais, non risponde ad una preconcetta ed astoriografica concezione razzista della storia, per la quale semiticità di Cartagine = inferiorità, ma ad una concezione razziale della storia – di carattere metodologico, derivata ad es. già da Ed. Meyer, e non ideologico –, per la quale essa implica semplicemente una sua alterità rispetto al mondo greco-latino.

[45] PAIS, *op. cit.*, 325-334.

La *pace cartaginese* di Gonella è dunque il prodotto di un doppio equivoco, quello originario, genetico, di Keynes e quello proprio, nel momento in cui ad un concetto inesistente viene prestato un inesistente contenuto storico diverso, anzi opposto, a quello ugualmente già erroneamente inteso dal suo creatore!

E questo diverso, opposto, modo in cui l'equivoco si sostanzia in Keynes/Mantoux e in Gonella offre un piccolo ma eloquente scorcio sulla portata in cui un diverso *habitat* culturale modifica la percezione – e tanto più significativamente in quanto nella sua patologia – dell'antico – e della storia in generale.

La genesi ideale stessa del discorso di Gonella si lascia agevolmente ricostruire da quanto sinora detto. L'uomo politico non fa altro che dare – con quella stessa buona fede per cui i personaggi di Racine o di Gluck sono per Gluck e per Racine *veri* personaggi antichi – nomi e panni antichi ai protagonisti di un dramma tutto moderno – quello della "pace dei vinti" che in altri come Carl Schmitt, nello stesso lasso di tempo, risvegliava più consapevoli echi tocquevilliani[46] –, suggestionato dall'antitesi che a chiunque avesse avuto il suo tipo di *background* culturale sarebbe ve-

---

[46] Cfr. C. SCHMITT, *Ex Captivitate Salus. Erfahrungen der Zeit 1945/47*, Köln 1950, 25-33 (datato agosto 1946).

nuto automatico instaurare tra *pace romana* e *pace cartaginese*. Il contenuto del suo discorso infatti – doppio equivoco a parte – è tutto una trasposizione di riflessioni di diritto internazionale moderno, improntate ad un alquanto superficiale (e sdolcinato) giusnaturalismo – anche se va riconosciuto come a tale superficialità può aver concorso l'occasione ufficiale e non scientifica – e che con uno stesso approccio storico del diritto internazionale antico poco o nulla hanno a che vedere.

5. In una pagina immediatamente a ridosso della fine della II guerra mondiale – o subito dopo[47]? – Gaetano De Sanctis scriveva che «Dinanzi alla caduta di Cartagine, anche se si prescinde dalla umana commozione che destano le lagrime e il sangue di cui gronda la vittoria romana, non si può non rimanere impressionati dalla scomparsa di una città che era ancora, nel momento in cui cadde, la più popolosa dell'Occidente e una delle più…opulente del mondo intero, pulsante …di vita operosa, sede di un popolo strenuo che …aveva scritto pagine memorande di storia»[48].

E rispetto ad essa viene da chiedersi se la commozione per la caduta di Cartagine non adombri

---

[47] Questa è la data di conclusione della stesura complessiva del volume, cfr. S. Accame, *Premessa*, in G. De Sanctis, *op. cit.*, IV, 3, Firenze 1964, IX.

[48] G. De Sanctis, *op. cit.*, IV, 3, 75.

quella per la *finis Germaniae* nel quadro di un antiamericanismo e di un misoanglismo desanctisiano di ancor più lontana, ultraventennale[49], origine e dunque ancor meno contingente di quanto solitamente si ritiene[50].

Comunque sia, un diverso, quasi opposto impiego dell'analogia cartaginese rispetto a Gonella. Il *delenda Carthago* di quest'ultimo infatti – a sua volta mero slogan antico per una formulazione di principio moderna e per una velata minaccia di nemesi storica – non lascia, anche solo minimo, margine di comprensione per il destino storico di Cartagine – contiene anzi una nota di compiacimento.

Ma forse ancora più sintomatico – sia per evidenti ragioni cronologiche, sia perché non vi è in proposito alcun margine comunque di diversa in-

---

[49] Vd. la sua corrispondenza inedita con M. Rostovtzeff del 1919, cit. da L. POLVERINI, *Rostovtzeff e De Sanctis*, in Id. - A. Marcone edd., *Rostovtzeff e l'Italia*, in stampa. Per l'antipatia inglese interessante è DE SANCTIS, *op. cit.*, III, 1, 287. A qualcosa di simile pare alludere, peraltro ermeticamente, il richiamo di S. ACCAME, *Gaetano De Sanctis, (1870-1957)*, in F. Sartori ed., *Praelectiones Patavinae*, Roma 1972, 23 alla posizione di De Sanctis che «...sconcertò non poche coscienze e suscitò polemiche vivacissime...» con De Gasperi.

[50] Ad es. da parte di A. MOMIGLIANO, *Gaetano De Sanctis (1870-1957)*, in Id., *Quinto contributo alla storia degli studi classici e del mondo antico*, Roma 1975 (= in *Atti Ac. Sc. Torino*, 104, 1969-1970, 69-77), 185; anche ID., *In memoria di Gaetano De Sanctis*, in Id., *Secondo contributo alla storia degli studi classici*, Roma 1960 (= RSI 69, 1957, 127-135), 315.

terpretabilità (come invece per De Sanctis), sia, soprattutto, perché si tratta parimenti di un uomo politico e non di uno storico professionista – è come già nel 1942, con un intento di sottile canzonatura della propaganda fascista, Manlio Lupinacci, poi membro del direttivo clandestino del PLI tra '43 e '45, nella introduzione alla traduzione einaudiana dei libri liviani delle guerre puniche ritenesse quella di Cartagine una causa onorevole, la sua distruzione non necessaria per la grandezza di Roma, la concezione di Scipione Nasica – di un suo inquadramento nel sistema romano – più intrinsecamente romana che non il *delenda* catoniano[51].

In effetti l'immagine di Cartagine di Gonella è radicalmente negativa, impietosamente e senza appello. E può essere interessante qui soffermarvisi brevemente, come testimonianza del modo corrente (di una parte) dell'intellettualità italiana, della sua generazione almeno, di leggere la storia cartaginese. Due aspetti soprattutto rilevano. Questa negatività in quanto assoluta va oltre l'immagine storiografica italiana pre-bellica che, almeno fino al momento storico che dicemmo, dà un ritratto articolato della cultura punica come

---

[51] Per Lupinacci M. CAGNETTA, *Roma come mito di guerra*, in B. Micheletti-P. P. Poggio, *L'Italia in guerra 1940-43, Annali Fondazione L. Micheletti*, 5, 1990-91, 849-850.

relativamente inferiore a quella greca, in quanto non umanisticamente creativa – come già per Meyer o per Freeman[52] –, ma mai di intrinseca e totalizzante negatività. Basti qui ricordare come De Sanctis concludesse che «I Semiti d'Africa erano certo un popolo notevole...» cui vanno riconosciute «...grandi benemerenze...»[53]. L'immagine di Gonella certamente ne dipende nei suoi elementi fattuali – il modello di una Cartagine incentrata esclusivamente sul commercio e la finanza, priva di originale creatività culturale e incapace di integrare sincretisticamente le popolazioni indigene –, e anzi la identificazione della fonte con la voce desanctisiana della EI, suggerita dalla Cagnetta coglie sicuramente nel segno, come il veicolo di più rapida informazione. Ma in modo decisivo risente, nella sua valutazione, proprio di quel capitolo anticartaginese aperto al più presto alla metà degli anni '30, di cui abbiamo detto, e forse di certa storiografia tedesca – più hitleriana di Hitler, ché, paradossalmente, ma non troppo, aveva della simpatia per Cartagine –, basti il nome di F. Schachermeyr[54].

---

[52] Cfr. LORETO, *Pais*, cit., ove anche una contestualizzazione del troppo spesso scontestualizzatamente riferito "peso morto" desanctisiano. Che De Sanctis valutasse positivamente Cartagine notava già anche, peraltro cursoriamente, ACCAME, *op. cit.*, 24.

[53] DE SANCTIS, *op. cit.*, IV, 3, 395; giudizio analogo dava Pais nelle sue opere non ideologizzanti, cfr. LORETO, *op. cit.*

[54] Per quanto precede sempre LORETO, *op. cit.*

In secondo luogo è singolare, e macroscopico, come a Gonella sfugga – altrimenti sarebbe incredibile che qualcuno potesse esprimersi scientemente in questi termini su Cartagine ancora nel 1947 – la stretta parentela intellettuale con l'antisemitismo di questa totale negatività.

Manca di contro in Gonella non solo ogni insistenza ma persino qualsiasi accenno ad un carattere obiettivamente centrale di Cartagine, la sua dimensione navale. E la ragione diviene intuitiva nel momento in cui si pone mente al fatto che esso è il punto di forza, nella storia trisecolare dell'analogia cartaginese moderna, del suo relazionamento all'Inghilterra: la grande potenza vincitrice e l'inumana città semitica nulla più potevano (o dovevano, in una occasione politica pubblica) avere in comune nel 1947.

Questa vicenda dell'inesistente pace cartaginese costituisce un breve, minore capitolo della storia plurisecolare dell'analogia cartaginese moderna, tutta da scrivere. Nel suo ambito lo scritto di Gonella si rivela di interesse in quanto offre un caso esemplare, come si è visto, di fraintendimento classicizzante – nella origine intellettuale e nella funzione paradigmatica – del mondo classico da parte della retorica politica – e di una esperta retorica politica, come mostra l'analisi di M. Cagnetta della struttura del discorso – e insieme uno eclatante delle conseguenze intellettual-

105

mente aberranti dell'abuso – nel senso primo del termine – politico dell'analogia; anche a dimostrare che entrambi non sono appannaggio esclusivo di contesti politici non democratici.

Finito di stampare in Roma
nel mese di aprile 1997 per conto de
«L'ERMA» di BRETSCHNEIDER
dalla Tipograf S.r.l.
via Costantino Morin, 26/A